Mes secrets de santé

Michel et Roseline Bontemps

Mes secrets
de santé

par les plantes, tisanes
et médecines naturelles

Éditions Générique

Préface

Je suis toujours étonné du nombre de patients qui viennent me consulter à mon cabinet parisien et qui, en fait, pourraient s'en dispenser.

Je m'explique.

Ils ne se sont pas trompés de porte. Je peux, certes, les aider, mais leur cas est si simple qu'ils peuvent très bien se soigner eux-mêmes.

Comme le faisaient leurs grands-parents.

Peut-être même leurs parents.

Il n'y a pas bien longtemps, il ne serait venu à l'idée de personne de déranger son médecin traitant pour une migraine, un peu de fièvre ou une crise de foie. Maintenant, au moindre petit « bobo », on se précipite chez « l'Homme de l'Art », persuadé que lui seul peut remédier à une affection aussi dramatique !

Nous sommes totalement pris en charge.

Nous sommes des assistés.

Il faut nous réveiller et cesser d'être pris pour des irresponsables.

Un médecin avec qui je participais à une émission de radio sur un grand poste périphérique me confiait — hors antenne ! :

« Médicalement, les Français ne sont pas majeurs. »

Phrase terrible !

Depuis des milliers d'années, nous nous soignons seuls avec nos plantes, nos fruits, nos légumes, nos bains et, pourquoi pas, nos « gris-gris » !

Messieurs les Scientifiques, laissez-nous tranquilles,

ne nous volez pas ce patrimoine si précieux : nos recettes de « bonne femme », c'est-à-dire de « bonne renommée ». Elles ont traversé les siècles, elles ont fait leurs preuves.

Pourquoi vouloir nous faire croire que personne ne pouvait être en bonne santé avant l'arrivée de la médecine chimique, que les gens tombaient comme des mouches à la moindre épidémie et que la moyenne d'âge était très basse ? C'est faux. Vrai statistiquement, mais faux dans les faits.

Si la moyenne d'âge statistique a augmenté, c'est surtout parce que la mortalité infantile a diminué. Après 30 ans, l'espérance de vie n'a pratiquement pas évolué. Les plus grands progrès de la médecine sont l'hygiène et la diététique.

Il serait stupide de nier les découvertes fantastiques de la médecine moderne tant sur le plan médicamenteux que chirurgical. Bien des maladies graves ne se sont améliorées que grâce à elles. En revanche, il ne faut pas, non plus, ignorer le revers de la médaille. Les médicaments ne font pas que guérir, ils créent des maladies. Les rapports de l'Organisation mondiale de la santé (O.M.S.) sont formels : dans le monde occidental, 60 % des maladies sont d'origine iatrogénique, c'est-à-dire provoquées par un médicament. Soixante pour cent des malades (plus d'un malade sur deux) sont malades d'avoir absorbé, un jour, un médicament. C'est terrifiant. Ceci, en l'espace de quelques dizaines d'années.

Il n'est pas invraisemblable d'imaginer que, bientôt, tous les malades — 100 % — le seront d'avoir suivi un traitement chimique... Cela peut commencer très tôt, dans l'enfance, avec les vaccins obligatoires dont certains sont inutiles et dangereux. Bien des médecins l'affirment.

En fait, les médicaments sont indispensables dans certaines maladies graves. Pour les maladies chroniques ou bénignes, il faut absolument leur préférer les remèdes naturels.

Malheureusement, ces recettes, ces connaissances disparaissent. Elles étaient de tradition orale, et le grand chamboulement médical des dernières années les a englouties.

Heureusement, le bon sens populaire a repris le dessus. Nous éprouvons tous le besoin profond, viscéral de revenir à une médecine plus naturelle.

C'est pour répondre à ce besoin que, depuis de nombreuses années, j'ai entrepris de transmettre mon peu de savoir. En écrivant des livres, des articles de presse, en participant à des émissions de radio, en organisant des conférences et des séminaires.

Le courant est passé. De très nombreuses preuves de confiance me l'ont confirmé.

Il manquait, cependant, quelque chose que mes lecteurs, mes auditeurs et mes patients me réclamaient souvent : pouvoir leur faire des démonstrations pratiques de l'utilisation de ces différentes recettes.

Cette lacune a été complétée grâce à la magie de la télévision et à l'amitié de Monique Cara et d'Alain Valentini, producteurs de l'émission « Un temps pour tout ».

Lorsque nous avons commencé notre émission de télévision avec mes amis, Monique Cara et Alain Valentini, jamais nous n'aurions pu imaginer le succès qu'elle allait remporter. Prévue à une heure d'écoute faible, le milieu de l'après-midi, elle aurait dû plafonner dans les sondages à un taux d'écoute ridicule. Or ceux-ci annoncent une audience de 13,5 % de téléspectateurs, ce qui est, non seulement honorable, mais tout à fait extraordinaire.

L'explication, en fait, est très simple : cette émission a été construite entre amis pour des amis. Les téléspectateurs l'ont senti et nous ont prouvé leur fidélité.

Autre phénomène dont l'ampleur nous a surpris : le courrier. Nous avons reçu *plusieurs dizaines de milliers de lettres*. Jamais une émission n'a suscité autant de vocations épistolaires. Nous avons tenu à répondre à chacun en particulier. Nous l'avons fait.

Peut-être pas toujours aussi rapidement que certains l'auraient voulu ! Il faut nous comprendre. Lorsque vous recevez 5 000 lettres dans la semaine, comme pour l'émission traitant de « l'amaigrissement », il faudrait être une multi-nationale pour répondre dans les trois jours ! Nous avons quelquefois pris un peu de retard. *Mea culpa !* A notre décharge, il faut réaliser que la réponse au courrier se fait en plus du travail quotidien, qui est déjà fort lourd. Je tiens à remercier mes amis, Monique Cara et Alain Valentini, pour leur aide et leur dévouement.

Ils ne se contentent pas d'être de véritables professionnels de la télévision. Ils aiment leur métier avec passion, ce qui devient, de nos jours, une qualité rare.

Après deux années d'émission et la parution régulière de nos « recettes » dans le journal *Télé-poche*, de plus en plus de téléspectateurs me demandaient d'en publier le recueil complet.

Voilà qui est chose faite.

Mais 122 conseils ne sont pas suffisants pour tout soigner. Afin de couvrir la plus grande gamme d'affections possibles, j'ai ajouté 113 tisanes. Elles ont l'avantage énorme de n'utiliser que des plantes en vente libre. Vous pourrez les trouver partout. Les herboristes ayant été assassinés, sous l'occupation allemande, sans qu'aucun gouvernement songe à leur rendre leur diplôme, il est préférable, si l'on veut se soigner par les plantes, de choisir celles que l'on peut se procurer le plus facilement. Encore faut-il être sûr de leur qualité. N'oubliez pas que vous pouvez toujours exiger de votre fournisseur des certificats d'analyse pour être certain qu'elles sont les plus saines possible.

1

Différentes utilisations des plantes et leur mode d'emploi

Les tisanes

Elles constituent la forme la plus anciennement employée et conviennent parfaitement chaque fois qu'une action en profondeur de drainage, de désintoxication, ou de nettoyage organique est nécessaire.

La préparation peut se faire selon trois modes :

L'infusion. Elle permet de bénéficier des principes actifs des *feuilles*, des *fleurs* et de la *plante entière* lorsqu'elle n'est pas trop fibreuse.

On la prépare en mettant les plantes (sèches ou fraîches) dans un liquide chaud (de préférence bouillant). On éteint le feu. On couvre le récipient et on laisse INFUSER.

La décoction. Elle permet de bénéficier des principes actifs contenus dans les *racines*, les *graines* ou les *parties ligneuses* de la plante (rameaux, bois...).

On la prépare en mettant les plantes dans un liquide froid que l'on porte à ébullition et qu'on laisse bouillir le temps indiqué dans la recette.

La macération à froid. Elle permet d'extraire sans faire bouillir les principes actifs contenus, comme pour la décoction, dans des parties dures de la plante ou dans des parties tendres, mais qui ne doivent pas approcher du point d'ébullition sous peine de perdre leurs propriétés (reine-des-prés par exemple).

On la prépare en mettant, la veille ou une heure avant l'utilisation (selon la recette), les plantes à tremper dans de l'eau froide. Le délai écoulé, on chauffe sans atteindre l'ébullition et on laisse infuser le temps indiqué.

Pour les parties dures de la plante, ce mode de préparation permet d'extraire les principes actifs sans que l'ébullition développe une amertume difficile à supporter.

Quand préparer les tisanes ?

Lorsqu'on vous indique dans les recettes de boire « 3 grandes tasses de tisane » par jour, il est bien évident que vous n'allez pas 3 fois dans la journée (surtout si vous travaillez) vous mettre à confectionner votre tisane.

Préparez, d'un seul coup, la quantité nécessaire pour toute la journée (en général un litre) et conservez ce que vous ne consommez pas immédiatement, soit dans une bouteille thermos, soit au réfrigérateur, selon que vous les préférez chaudes ou froides.

Vous pouvez conserver du jour au lendemain l'excédent de tisane au réfrigérateur sans problème, mais n'allez pas au-delà, elle perd ensuite ses propriétés par l'oxydation à l'air.

En fabriquant d'emblée la quantité nécessaire pour la journée, vous ne devez pas avoir de « reste ». Si c'est le cas, vous n'avez pas dû boire suffisamment.

N'oubliez pas que la tisane n'est pas qu'un apport des propriétés médicinales des plantes à l'organisme. C'est aussi *l'apport d'une quantité d'eau* dont notre organisme est grand consommateur pour hydrater nos cellules et faciliter l'élimination des résidus.

Pour moi, les tisanes restent irremplaçables dès lors qu'il s'agit d'effectuer un « drainage » ou un nettoyage de l'organisme grâce, justement, à cet apport hydrique supplémentaire qui réalise un véritable « coup de balai ».

Comment et quand les boire ?

Comment ? Vous pouvez boire vos tisanes selon votre goût, chaudes ou froides, cela n'influence pas leur efficacité.

Certaines tisanes un peu amères se boivent plus agréablement froides.

Il est, en principe, déconseillé de les sucrer, surtout si vous désirez faire une cure « anti-poids ». Nous consommons bien assez de sucre raffiné comme cela dans l'année. Si vraiment vous ne pouvez pas les boire « nature », une cuillère à café de miel par tasse sera suffisante.

Cependant, les tisanes que vous utiliserez pour chasser des fièvres ou calmer un mal de gorge, par exemple, ont avantage à être sucrées. Je vous conseille, dans ce cas, d'utiliser du miel de thym ou de lavande qui apportent en supplément leurs propriétés calmantes.

Quand ? Les tisanes, sauf celles qui ont des propriétés digestives ou apéritives et qui sont bues un peu avant

ou après le repas, doivent se boire selon cette règle générale :
— 1 heure avant ;
— ou 3 heures après les repas.

En les prenant loin des périodes de digestion, vous évitez de diluer les sucs gastriques de l'estomac et vous ne le surchargez pas en volume.

Vos aliments, mieux digérés par des sucs gastriques plus actifs, séjournent moins longtemps dans les voies digestives et sont mieux assimilés, cependant que les déchets sont plus facilement éliminés. Vous éviterez ainsi lourdeurs et ballonnements qui accompagnent la digestion (à condition de limiter votre boisson pendant le repas à un verre maximum).

En revanche, en faisant, après la digestion, un apport important de liquide à l'organisme, vous chassez le liquide « usé » de vos cellules, chargé de résidus à éliminer, et vous le remplacez par un liquide neuf et actif.

Par ce moyen, vous désintoxiquez votre organisme en favorisant l'élimination des déchets, et votre estomac, votre foie, vos reins, non surchargés et bien « désencrassés » joueront pleinement leur rôle, sans fatigue superflue.

Selon ce principe, lorsque vous devez prendre votre tisane entre les repas, il faut que chaque prise de boisson soit suffisante, c'est-à-dire au moins l'équivalent d'un quart de litre (un bol).

Lorsque vous devez la prendre un peu avant ou un peu après les repas, il s'agira de tasses plus petites, à peu près comme la tasse à déjeuner.

Les cataplasmes

Ce sont des associations de plantes, parfois mêlées à d'autres produits (légumes, fruits, algues, argile, son de blé, etc.).

L'action des cataplasmes s'étend, non seulement aux problèmes articulaires, mais aussi aux phénomènes de digestion, aux contusions ou encore aux abcès ou plaies. Leur utilisation est donc très vaste.

Les compositions varient à l'infini. En général, on les utilise pour leurs propriétés anti-inflammatoires, calmantes, décongestionnantes, et l'aide qu'ils apportent à la reconstitution des tissus lésés.

Dans les cataplasmes que je vous indique, j'ai toujours veillé à vous en proposer de deux sortes : certains sont faciles à réaliser avec ce que l'on peut toujours avoir sous la main et font appel aux fruits, aux légumes ou à des ingrédients faciles à se procurer ; les autres, qui nécessitent parfois la recherche ou l'achat de plantes médicinales, s'adressent à tous ceux qui s'intéressent d'un peu plus près à la phytothérapie.

Les macérations huileuses ou alcooliques

Elles consistent à faire macérer pendant un temps plus ou moins long des plantes sèches ou fraîches dans de l'huile, de l'alcool, des liqueurs ou du vin de manière à solubiliser les principes actifs des plantes.

En général, les macérations huileuses comportent également une phase de chauffage, soit au bain-marie, soit au soleil. Ensuite, il faut filtrer la préparation et la conserver bien bouchée pour une utilisation ultérieure.

Ces macérations huileuses sont utilisées pour des

frictions, des massages ou des compresses. Vous trouverez de nombreuses formules à fabriquer dans ce livre. Les plus connues sont l'huile de camomille pour les douleurs rhumatismales et l'huile de millepertuis pour les brûlures, les plaies et les contusions.

Les macérations alcooliques ou vineuses sont plus rarement destinées à l'usage externe. On les prépare d'avance pour les consommer en vins ou liqueurs médicinales et parfois pour imprégner des compresses destinées à soigner des plaies, des abcès ou des douleurs.

Leur efficacité vaut largement le temps passé à les confectionner. Il faut être prévoyant et les faire à l'avance car le temps de macération nécessaire ne permet pas de les préparer au dernier moment. Faites-vous, au moins, une des huiles anti-douleur dont je vous donne la recette.

L'aromathérapie

L'aromathérapie est l'utilisation, à des fins thérapeutiques, des huiles essentielles de plantes, plus communément appelées essences de plantes.

Branche particulière de la phytothérapie, elle a pris une telle ampleur et connaît de tels succès thérapeutiques qu'elle est devenue un mode de soin à part entière.

Les huiles essentielles sont des produits volatiles et odorants extraits de certains végétaux par distillation à la vapeur d'eau, pressage ou incision.

Ce sont de véritables « concentrés » des principes actifs des plantes.

Les essences sont des mélanges de nombreux composants : alcools, esters, aldéhydes, cétones, phénols,

16

terpènes, etc. Ces derniers, qui sont présents à une forte concentration dans certaines essences (citron, thym, lavande, sarriette, origan, etc.), nécessitent certaines précautions d'emploi pour l'usage interne et externe. Dans bien des cas, il est préférable d'utiliser des essences « déterpénées », c'est-à-dire privées de ces produits irritants.

Les propriétés de ces essences sont très variées, mais elles ont toutes en commun un grand pouvoir de diffusion à travers la peau. Elles « franchissent la barrière cutanée », véritable écran imperméable à la plupart des produits.

Cette propriété particulière leur permet de servir de « véhicule » à d'autres principes actifs qu'elles aident à pénétrer dans l'organisme.

Ceci les rend précieuses :

— non seulement pour les traitements locaux dont vous trouverez de nombreux exemples dans ce livre ;

— mais aussi pour obtenir des effets internes en profondeur à partir d'une pénétration locale.

Certaines recherches ont prouvé que les huiles essentielles traversaient les téguments et arrivaient très rapidement dans la circulation sanguine, faisant ainsi bénéficier de leur action les organes irrigués.

Vous les rencontrerez sous forme de bains, baumes, lotions, huiles de massage, cataplasmes, gélules, gouttes, etc., qui font appel à leur pouvoir :

— antiseptique et cicatrisant (plaies, abcès, infections en tous genres) ;

— stimulant (fatigue, coups de pompe, courbatures) ;

— antinévralgique et calmant (problèmes articulaires, musculaires, vertébraux, tendineux, ligamentaires) ;

— antitoxique et antivenimeux (piqûres d'insecte, morsures de vipère) ;

— décongestionnant et anti-inflammatoire (entorses, rhumatismes, chocs et coups...).

L'hydrothérapie

Il est possible de soigner ou de prévenir la maladie en se servant de l'eau comme agent de traitement.

Cet élément très simple, à l'origine de la vie sur la terre, entre pour 80 % dans la composition de notre organisme. Ce n'est donc pas étonnant que notre corps ait une affinité particulière avec lui. C'est peut-être cette raison qui explique son action bénéfique sur le corps humain, à condition de savoir l'employer judicieusement.

Certains thérapeutes célèbres, comme l'abbé Kneipp au siècle dernier, ont codifié avec précision ce qu'il est possible de traiter et de guérir grâce à l'eau.

Pour ma part, j'ai une telle confiance dans les propriétés de l'eau — associée ou non aux plantes — que j'en ai fait un mode de soin à part entière dans mes centres de remise en forme.

L'hydrothérapie est l'appellation générale qui regroupe toutes les utilisations médicales de l'eau.

Dans ce livre, je me suis limité à l'emploi :

— *des bains* (entiers ou partiels, chauds ou froids ou alternés) ;

— *des douches* locales ;

— *des enveloppements.*

Les bains. En général, pour une action thérapeutique plus marquée, j'ai prévu l'adjonction de divers produits à ces bains, selon que je voulais obtenir un effet calmant, décongestionnant, résolutif ou tonique.

Les produits ajoutés sont fréquemment des huiles essentielles de plantes car j'ai pu constater leur efficacité en ce domaine, grâce à leur pouvoir de diffusion dans l'organisme.

Les douches. En hydrothérapie, les douches sont, en général, réalisées à des températures bien précises. Parfois, elles sont effectuées sur la totalité du corps, parfois uniquement sur des points précis. Elles servent principalement à décongestionner, réduire une inflammation, calmer ou tonifier.

Les enveloppements. Les enveloppements que je vous conseille concernent rarement la totalité du corps. Il s'agit, le plus souvent, d'enveloppements froids utilisés pour faire diminuer la température ou disperser une congestion. Ils ont une action rééquilibrante et calmante.

2

Savoir utiliser les lunaisons

Comment renforcer l'efficacité des traitements naturels ?

L'être humain, tout comme les plantes, subit l'influence cosmique de l'environnement.

Nos ancêtres savaient tenir compte de ces influences pour leurs cultures et suivaient les rythmes lunaires.

Ainsi, pour obtenir de beaux légumes dont la partie consommable pousse *dans la terre* (radis, pomme de terre, carotte, etc.), ils plantaient en période de *Lune décroissante*.

A l'inverse, pour les plantes ou légumes dont la partie utile pousse *au-dessus du sol* (salade, tomate, haricot vert...), ils semaient en période de *Lune croissante*.

Pour l'être humain, cette adaptation se traduit de la manière suivante :

— on tonifie l'organisme ou les grandes fonctions organiques en période de *Lune croissante* ;

— on draine ou on désintoxique l'organisme en période de *Lune décroissante*.

Ces périodes qui fractionnent le cycle lunaire en

deux phases de 14 jours sont facilement repérables sur un calendrier des Postes :

— La *Lune croissante* débute à la *Nouvelle Lune* figurée par un rond ombré de noir sur les calendriers (on ne la voit pas à cette période dans le ciel, c'est pourquoi elle est figurée en noir).

Ensuite, elle croît jusqu'au premier quartier, figuré par un croissant noir dont les cornes sont tournées vers la gauche, visible dans le ciel, et atteint son apogée à la pleine lune qui resplendit entière dans le ciel et bien visible. Elle est figurée par un rond plein blanc.

La Lune décroissante

— A partir de la Pleine Lune, la lune décroît en passant par le dernier quartier, un croissant de lune (blanc sur le calendrier) avec les cornes vers la droite, visible dans le ciel.

— Puis elle continue de décroître, c'est la Vieille Lune, de moins en moins visible dans le ciel jusqu'à disparition complète et le cycle recommence : nouvelle lune...

On peut schématiser le cycle lunaire de la manière suivante :

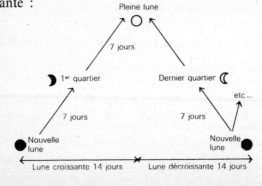

Le dicton suivant, qui m'a été enseigné par mon père, constitue un bon moyen mnémotechnique pour se rappeler en regardant le ciel la lunaison :

«Quand la Lune est en C, on croit qu'elle croît, c'est faux car elle «décroît. »

«Quand la Lune est en D, on croit qu'elle décroît, c'est faux car elle «croît. »

En observant les règles de :

— tonification organique en Lune croissante et

— drainage, épuration en Lune décroissante,

vous multiplierez les effets des remèdes.

Ainsi, par exemple, pour dynamiser un foie ou une vésicule biliaire un peu atone, vous prendrez les remèdes convenables avec une plus grande efficacité pendant les 14 jours de Lune croissante et vous pourrez ensuite faire une cure d'épuration du sang ou favoriser le travail d'élimination des reins à la Lune décroissante.

De même, des remèdes contre la fatigue seront à prendre en Lune croissante et des remèdes pour la circulation sanguine en Lune décroissante.

Testez sur vous-même cette manière de faire et vous verrez que votre organisme réagira beaucoup mieux aux remèdes et plus vite !

3

La sympathicothérapie

Les études du professeur Hans Selye, le spécialiste mondial du stress et le créateur du terme, ont prouvé que la glande hypophyse était le relais indispensable pour que s'installe un état de stress.

A telle enseigne qu'un animal ayant subi l'ablation de l'hypophyse ne présente jamais de symptômes de stress. Il n'est pas possible de vivre sans l'hypophyse qui est le véritable chef d'orchestre de tout notre système endocrinien. Nous devons donc trouver un moyen permettant d'agir sur cette glande pour en réguler l'action.

Notre attention a été attirée par une méthode très à la mode avant la guerre : La sympathicothérapie. Les précurseurs de cette réflexothérapie, les docteurs Vidal et Gillet, affirmaient qu'elle agissait sur l'hypophyse, et donnaient la liste des maladies auxquelles s'adressait leur thérapie : dépression, nervosité, fatigue, impuissance, ulcère d'estomac, obésité, diabète, asthme, etc. Or il s'agit de toutes les maladies provoquées par le stress et répertoriées par le professeur Selye ! Il était donc vraisemblable que son action fût intéressante en cas de spasmophilie.

Nous avons donc repris les études des docteurs Vidal et Gillet et nos espérances ont été comblées au-delà de ce que nous pouvions imaginer.

La sympathicothérapie permet de stopper un état spasmophile en six à dix séances.

Qu'est-ce que la sympathicothérapie ?

Il s'agit d'une réflexothérapie endo-nasale. Ce qui signifie qu'en stimulant un point du corps — le nez en l'occurrence — nous allons obtenir une action à distance (comme l'auriculothérapie par exemple).

Dans ce cas, *toutes les stimulations se feront sur la muqueuse nasale* (l'intérieur du nez) à l'aide d'un stylet souple.

L'intérêt de cette méthode est double :
— action rapide ;
— thérapie non médicamenteuse. Car il est, pour nous, illusoire de vouloir guérir une maladie de stress par un médicament chimique qui est un *Stressor* (agent de stress). Les travaux du professeur Selye l'ont prouvé : toute substance chimique provoque chez l'homme une action de rejet qui, si elle est permanente, conduit à l'état de stress. Nous comprenons là pourquoi *les médicaments chimiques* ne peuvent, en aucun cas, constituer une solution pour ces malades car, pour un résultat immédiat, ils aggravent le pronostic final.

Avec la sympathicothérapie, nous avons une médecine douce mais d'action extrêmement efficace car elle court-circuite l'effet du stress en agissant directement, par voie réflexe, sur l'hypophyse.

Le malade se sent rapidement détendu, moins fatigable, plus en forme et surtout *beaucoup plus apte à prendre ses décisions.*

Cette notion est fondamentale. Un des symptômes constants du stress est la difficulté (voire l'impuissance) à prendre ses décisions. Or il n'est pas possible de soigner un malade qui n'a pas décidé de guérir.

Sans ce désir du patient de se prendre en charge, la guérison ne peut être qu'illusoire et passagère.

La sympathicothérapie constituera donc dans bien des maladies la thérapie de départ permettant d'obtenir une amélioration importante, voire une apparente guérison rapidement. Apparente car l'homme est un tout et il faudra le plus souvent un traitement de fond pour que ces résultats soient durables.

Il faut retrouver tous les organes faibles du malade et construire un traitement de plantes permettant de les stimuler tous en même temps.

La combinaison sympathicothérapie-plantes médicinales offre donc la possibilité d'obtenir une action rapide et durable.

4

Mes recettes
de la télévision

1. Abcès, furoncles, anthrax, panaris

Les abcès et les panaris sont souvent causés par des écorchures qui s'enflamment, mais surtout aussi par des épines, échardes ou piquants d'oursin qui n'ont pu être retirés et qui créent une infection locale.

Les furoncles et les anthrax ont une toute autre cause. C'est plus souvent la conséquence d'un état général intoxiqué et qui se défend en expulsant par la peau un certain nombre de déchets organiques pour faire place nette. Certaines personnes y sont plus prédisposées que d'autres et, dans ce cas, il faut ajouter aux traitements ci-après, qui ne sont que des moyens de faire « mûrir » plus vite l'abcès, un traitement d'épuration générale du corps.

Traitement d'attaque

Cataplasme de lys

Il vous faut :
— 2 bulbes de lys ;
— 2 poignées d'oseille ;
— 100 g de saindoux.

Faites cuire 20 minutes les oignons de lys coupés en rondelles dans un peu de saindoux à très petit feu doux, dans une cocotte bien fermée.

En fait, les oignons doivent cuire « à l'étouffée » dans leur propre jus. Le peu de saindoux que vous avez mis n'est là que pour empêcher que ça attache.

Ensuite, pilez-les dans un mortier avec l'oseille écrasée. Ajoutez le reste du saindoux. Vous obtenez un onguent que vous laisserez refroidir avant d'appliquer sur l'abcès.

Maintenir en place avec une gaze pendant au moins une demi-heure. Si vous le pouvez, toute la journée serait mieux.

C'est le plus efficace des traitements. Il peut s'utiliser aussi pour de larges surfaces lors d'une crise de furonculose, par exemple. C'est également un merveilleux remède pour les contusions.

Cataplasme de figue

A faire à la période des figues fraîches.

Faites cuire une figue fraîche dans un peu de lait pendant 10 minutes après l'avoir piquée avec une fourchette pour ne pas qu'elle éclate à la cuisson. Ouvrez-la en deux. Appliquez-la chaude sur l'abcès en pressant doucement. Gardez 30 minutes. A faire 2 fois par jour pour hâter la guérison.

Ce cataplasme convient particulièrement pour le bout des doigts. Dans ce cas, enfoncez le doigt dans la figue comme dans un étui.

Cataplasme d'oignon

Faites cuire au four pendant 35 minutes un oignon avec un peu d'eau dans le fond du plat pour éviter le dessèchement.

Lorsqu'il est cuit, l'ouvrir en deux. Appliquez localement. Gardez 30 minutes. Renouvelez l'application dans la journée.

Cette dernière recette, tout aussi efficace que les deux premières, présente l'avantage de ne pas dépendre des saisons ou d'un approvisionnement difficile.

Traitement de fond

Cure d'oligo-éléments

Furoncles, abcès, panaris sont des mini-infections. Pour s'en débarrasser, il faut les combattre avec des anti-infectieux et renforcer les possibilités de défense de l'organisme. Les oligo-éléments jouent parfaitement ce rôle.

Les oligo-éléments manganèse-cuivre, et cuivre-or-argent ont une action anti-infectieuse telle qu'on peut les considérer comme de véritables antibiotiques.

Dès le début des abcès, prenez 1 dose d'oligosol cuivre-or-argent le matin à jeun.

Et une dose de manganèse-cuivre avant le repas de midi.

Continuez jusqu'à guérison complète.

Tisane de drainage interne

Prise en même temps que les oligo-éléments, la tisane ci-dessous aidera votre organisme à se débarrasser de ses toxines :
— Pensée sauvage 20 g ;
— Racine de salsepareille 20 g ;
— Racine de bardane 30 g ;
— Écorce de bourdaine 20 g ;
— Ortie 20 g ;
— Écorce de bouleau 20 g.
Faire tremper 2 heures 4 cuillères à soupe de ce mélange dans un litre d'eau froide. Chauffez à feu doux jusqu'à ébullition. Laissez bouillir quelques secondes. Infusez 10 minutes. Filtrez et buvez dans la journée en 3 ou 4 fois entre les repas, jusqu'à guérison.

2. Allergies

Je ne peux pas parler de toutes les allergies, ce serait beaucoup trop long.

J'ai choisi deux types d'allergies fréquentes au printemps et au début de l'été :
— le rhume des foins ;
— les réactions de peau (œdème, rougeurs) à la suite de coups de soleil.

Il faut dire, en passant, qu'une allergie est *toujours* une manifestation d'élimination de l'organisme. Si vous en souffrez, il faut donc songer à vous « nettoyer ». C'est de cette façon que vous obtiendrez un résultat définitif. Ce n'est pas par hasard si vous souffrez davantage d'allergie au printemps après avoir, pendant tout l'hiver, trop mangé et pas assez éliminé.

Rhume des foins

Le meilleur moyen d'éviter ou de remédier au rhume des foins est d'utiliser de l'huile essentielle d'estragon :

● *Pour prévenir :*
Salade à l'estragon

Quinze jours avant le moment critique où se réveille votre rhume des foins, prenez l'habitude de manger, au moins une fois par jour, une salade ainsi assaisonnée :

— 2 cuillères à soupe d'huile d'olive vierge (1re pression à froid) ;
— 1 cuillère à soupe de vinaigre de cidre ;
— 4 gouttes d'huile essentielle d'estragon.

Toute salade est bonne, mais l'idéal serait que vous puissiez trouver de quoi faire un mélange : laitue et salade rouge de Trévise. La laitue seule peut néanmoins très bien faire l'affaire.

Cette recette simple constitue un véritable traitement préventif que je conseille depuis longtemps à mes patients. Les dernières recherches en phytothérapie viennent d'en expliquer le succès : l'estragon posséderait des propriétés anti-histaminiques (anti-allergiques) très puissantes !

Si vous êtes très sensible aux pollens ou autres agents allergènes, vous pouvez prendre l'habitude de consommer cette salade de manière régulière.

● *Pour stopper* :

Respirez de l'huile essentielle d'estragon (un flacon de 10 ml suffit).

Si vous êtes très « pris » par le rhume des foins, il vous faudra vous promener avec votre petit flacon. C'est un inconvénient, mais vous ne trouverez rien de plus efficace. L'huile essentielle d'estragon, qui a une action anti-histaminique, ne se contente pas de stopper une crise d'éternuement, mais peut vous guérir définitivement.

Allergie au soleil

Salade à l'estragon

Ne soyez pas surpris de retrouver ici la salade à l'estragon dont je viens de vous donner la recette pour... le rhume des foins. Ce sont les propriétés anti-histaminiques de l'huile essentielle d'estragon qui interviennent aussi pour l'allergie au soleil.

Commencez la cure, telle qu'indiquée plus haut, 15 jours avant la première exposition au soleil.

Huile au thym

Dès que vous sentez la moindre brûlure ou démangeaison, enduisez la partie sensible avec de l'*huile au thym* et renouvelez souvent l'application.

Vous la préparerez de la façon suivante :

Emplissez, sans tasser, un flacon à large ouverture de thym en fleurs (ne prenez que les parties terminales de la plante, appelées « sommités fleuries »).

Complétez avec de l'huile d'olive vierge.

Écrasez légèrement les fleurs contre les parois du

bocal avec le dos d'une cuillère pour faire sortir les sucs de la plante.

Laissez macérer 2 semaines au soleil en remuant de temps en temps. Filtrez. Conservez dans le flacon bien bouché.

Vous pouvez parfaitement vous servir de cette huile comme huile solaire, mais attention : si elle vous protège des manifestations allergiques, elle n'est pas filtrante !...

Si la peau vous cuit énormément et est très rouge, il sera tout à fait indiqué de prendre toutes les heures 3 granulés de Belladona 9 CH, à laisser fondre sous la langue, jusqu'à amélioration.

Huile de buis

Si malgré vos précautions (ou si vous n'y avez pas pensé assez tôt), votre peau reste sensible, ne vous désolez pas et préparez bien vite cette huile miracle qui, non seulement vous évitera les réactions allergiques, mais également vous permettra de bronzer sans coups de soleil.

Pilez au mortier 5 cuillères à soupe de feuilles de buis fraîches.

Ajoutez, en versant dessus, un demi-litre d'huile d'olive.

Laissez macérer sur votre fenêtre, au soleil, 10 jours en remuant tous les jours. Filtrez. Appliquez sur la peau avant et après exposition au soleil.

Si vous avez besoin de cette huile de façon urgente, vous pouvez remplacer l'exposition au soleil par une cuisson de deux heures au bain-marie.

3. Amincissement

Si vous avez tendance à grossir, ne vous précipitez pas sur tous ces régimes qui foisonnent dans la presse et la littérature. Ce sont tous des régimes de carences. Ils vous feront, certes, perdre kilos et bourrelets, mais aussi vitamines, oligo-éléments et forces vives.

C'est bien souvent exsangue et dépressif que vous verrez vos kilos se réinstaller en force à la fin du régime.

Un début de cure d'amaigrissement doit être doux et progressif. Il doit tout à la fois faire éliminer et vous apporter les vitamines et les oligo-éléments dont vous avez besoin pour rester en forme.

Une fois que le phénomène d'élimination a démarré, vous pourrez enclencher la vitesse supérieure pour accélérer le processus.

Pour commencer, suivez ces conseils pendant 15 jours :

● *1re phase :*

Cocktail jus de fruits, jus de légumes

Tous les matins, dès votre réveil, à jeun et, si possible, 1/2 heure à 1 heure avant le petit déjeuner, buvez un grand verre de ce mélange :
— Ananas (1/4 environ) ;
— Poire (1/2) ;
— Citron (1/2).

Passez ces fruits à la centrifugeuse et buvez immédiatement.

Tous les soirs, une heure avant le repas, confectionnez le cocktail des jus de légumes suivants :

— Tomate (2) ;
— Céleri (1 branche) ;
— Chou vert (1 feuille) ;
— Persil (1 petite poignée).

Buvez frais à raison d'1 grand verre minimum.

Ce régime fruits et légumes est à suivre pendant 15 jours en prenant soin de supprimer de votre alimentation le sucre, les graisses animales, le pain et les féculents. Vous serez étonné de vous voir maigrir tout en vous sentant de plus en plus en forme. Ces fruits et légumes sont, non seulement dépuratifs, désintoxicants et diurétiques, mais également très riches en vitamines et en oligo-éléments.

Pour vous aider à fondre plus vite à certains endroits « stratégiques », confectionnez-vous, tous les jours, le cataplasme suivant :

Cataplasme aux huiles essentielles

— Algues séchées (3 cuillères à soupe) ;
— Son de blé (2 cuillères à soupe).

Mélangez avec un peu d'eau tiède afin d'obtenir une pâte épaisse en ajoutant :

— Huile essentielle de thym (15 gouttes) ;
— Huile essentielle de sauge (15 gouttes) ;
— Huile essentielle de romarin (5 gouttes).

Appliquez localement et maintenez en place 1/2 heure en recouvrant d'un papier aluminium. Rincez-vous sous la douche et massez ensuite avec une crème raffermissante.

Ce cataplasme donne d'excellents résultats à condition d'utiliser des huiles essentielles de bonne qualité.

● *2ᵉ phase*

Vous avez effectué le premier temps de votre cure

d'amincissement et vous avez déjà constaté des résultats. Avant d'entamer la deuxième phase, c'est-à-dire l'amincissement proprement dit, je vous conseille de suivre une grande cure dépurative.

Celle qui me donne les meilleurs résultats est la cure de raisin (en saison).

Pendant 1 semaine, ne mangez que du raisin — à volonté — en ne buvant que de l'eau. Vous serez fatigué les 2e et 3e jours car l'élimination est violente, mais ensuite vous vous sentirez très en forme. Surtout ne mangez que du raisin et soyez assez courageux pour passer ce cap du 3e jour. Le raisin est un des meilleurs désintoxicants et dépuratifs du sang.

Si vous entamez votre cure d'amincissement au printemps, remplacez le raisin par des cerises ou des fraises.

A défaut de ces cures de fruits, adoptez pendant 15 jours la tisane suivante :

Tisane amincissante

— Feuilles de frêne 30 g ;
— Feuilles de noyer 30 g ;
— Écorce de bourdaine 30 g ;
— Feuilles de cochléaria 30 g ;
— Sommités de genêt 30 g ;
— Sommités de romarin 30 g ;
— Sommités de verge d'or 20 g ;
— Racine de chiendent 20 g.

Comptez 5 cuillères à soupe du mélange pour 1 litre d'eau froide. Portez à ébullition sans laisser bouillir. Laissez infuser 10 minutes.

Buvez dans la journée en répartissant les prises comme vous le désirez, mais toujours au moins 1 heure avant le repas ou 2 heures après le repas.

Cette tisane diurétique sans excès va stimuler le

travail des reins, du foie et des intestins. Non seulement vous éliminerez davantage, mais votre assimilation sera meilleure. On ne pense pas assez dans les régimes à favoriser l'élimination. En règle générale, c'est l'élimination qui est visée. Or à quoi cela sert-il de vous faire éliminer si, au lieu de bien utiliser les aliments, votre organisme les stocke ?

4. Bains médicinaux

Parmi les méthodes de soins d'action extrêmement rapide en médecine naturelle, la plus intéressante est, paradoxalement, la moins employée : il s'agit de l'hydrothérapie.

Les bains aux plantes et aux essences de plantes, employés avec succès depuis l'Antiquité, connaissent de nos jours un regain d'intérêt tout à fait justifié. Il existe en Allemagne, depuis longtemps, des centres de soins n'utilisant que l'eau comme agent de guérison où l'on soigne les maladies les plus graves. De tels centres commencent à voir le jour en France. Il faut souhaiter que l'expérience puisse continuer car les résultats obtenus sont réellement fantastiques.

Bain anti-rhume

Dès que vous attrapez un coup de froid, dès que votre nez coule, précipitez-vous chez votre pharmacien pour y acheter :

— 1 petit flacon d'huile essentielle de térébenthine (10 ml) ;

— 1 petit flacon d'huile essentielle de romarin (10 ml).

Courez également chez votre droguiste pour lui demander *1 pot de savon noir.*

Prenez *1 grosse cuillère à soupe de savon noir.* Laissez tomber dedans :

— 10 gouttes d'huile essentielle de térébenthine.

Délayez avec un peu d'eau très chaude au fond d'une bassine.

Recommencez de nouveau l'opération avec :

— 10 gouttes d'huile essentielle de romarin.

Lorsque le savon noir et les huiles essentielles sont parfaitement mélangées à l'eau chaude, ajoutez la quantité d'eau nécessaire pour un bain de pieds. Vous devez avoir de l'eau au-dessus des chevilles.

Il vous suffira de tremper vos pieds dans cette solution miracle pendant *10 minutes* pour sentir votre nez et vos bronches se dégager rapidement.

Le principe qui agit ici est qu'en créant artificiellement un foyer de congestion secondaire aux pieds, vous y attirez le flux de circulation sanguin et décongestionnez tête et bronches.

Attention :

Pour obtenir un effet très rapide, il faut que l'eau soit très chaude. Je vous conseille d'ajouter de l'eau chaude pendant la durée du bain. Votre peau s'habituant petit à petit à la chaleur, vous parviendrez ainsi à supporter une température de 40 à 42°.

Après le bain, il est recommandé de s'allonger au chaud pendant 1/2 heure environ.

Voilà un moyen de guérir vos rhumes dont vous pourrez disposer en permanence.

A l'abri de la lumière et bien bouché, un flacon d'huile essentielle se conserve très longtemps.

Bain stimulant de la circulation

Si votre circulation est déficiente, principalement la circulation artérielle, si vos mains et vos pieds sont souvent froids, ce que l'on nomme « extrémités froides », je vous conseille de pratiquer *3 fois par semaine*, le soir, un bain simultané des mains et des pieds.

Vous mélangez dans un grand bol :

— 2 cuillères à soupe de *copeaux de savon de Marseille* avec de l'eau chaude jusqu'à obtenir une pâte un peu épaisse.

A cette pâte, vous ajoutez *20 gouttes d'huile essentielle de romarin*.

Mélangez de nouveau soigneusement.

Versez la moitié de la préparation dans une cuvette. Ajoutez petit à petit de l'eau très chaude en remuant avec une cuillère en bois.

Recommencez la même opération avec une seconde cuvette.

Trempez en même temps vos mains et vos pieds pendant 10 minutes.

Vous devez supporter l'eau la plus chaude possible.

Ce bain est également recommandé aux femmes souffrant d'aménorrhée (règles peu abondantes). Il faudra alors pratiquer ce bain 5 jours avant le début éventuel des règles, tous les mois.

Nous avons vu précédemment deux bains locaux (mains et pieds) fort efficaces pour des problèmes de santé très précis.

Mais lorsqu'il s'agit de déséquilibre de santé touchant tout l'organisme, les bains complets sont préférables car ils sont d'action plus complète et plus rapide.

Deux des affections les plus répandues actuellement sont :

— la prise de poids excessive (graisse ou cellulite) ;

— la fatigue chronique,

toutes deux provoquées, entre autres, par la pollution qui nous accable.

Les bains ont l'avantage d'aider fortement l'élimination des toxines tout en traitant, par osmose, grâce aux propriétés des plantes que vous utiliserez. Ils doivent toujours être pratiqués parallèlement au traitement de fond.

Bain amincissant

Si vous avez de la cellulite ou simplement quelques kilos superflus, vous pouvez prendre *3 fois par semaine* un bain complet avec le mélange suivant :

— Huile essentielle de sauge 10 ml ;
— Huile essentielle de thym 5 ml ;
— Huile essentielle de citron 5 ml ;
— Huile de noyau hydrogénée 30 ml ;
— Huile de pépins de raisin 50 ml.

Faites réaliser cette préparation chez votre pharmacien.

Ajoutez à l'eau de votre bain 2 cuillères à soupe de cette solution.

L'eau sera à 30° environ et la durée du bain de 15 minutes.

Il est *absolument indispensable* de faire *une rapide douche froide des jambes et des pieds* immédiatement après ce bain afin de resserrer les veines et les vaisseaux.

La *sauge* possède des propriétés multiples : elle draine les toxines, améliore la digestion, stimule l'élimination et, surtout, elle harmonise le fonctionnement des glandes endocrines, ce qui est primordial en cas d'excès de poids.

Le *thym* tonifie votre peau, évite son relâchement et dynamise vos échanges cellulaires.

Quant au *citron*, il vous aidera à éliminer toutes les toxines par la peau en provoquant une abondante sudation. Pour cette raison, il faut absolument vous couvrir après le bain, *sans vous rincer*, et rester au chaud une heure dans un peignoire éponge.

Bain tonifiant

Maintenant, si vous voulez être particulièrement en forme ou vous donner « un coup de fouet » un soir de sortie, par exemple, je vous conseille de vous préparer un bain avec les plantes suivantes :
— Romarin 50 g ;
— Sauge 50 g ;
— Écorce de citron 50 g.

Faites bouillir ces trois plantes dans 1 litre 1/2 d'eau pendant 15 minutes à feu doux. Filtrez.

Ajoutez la décoction obtenue à l'eau d'un bain complet à 37-38° environ.

Restez dans le bain pendant 15 minutes et faites une rapide douche froide des jambes et des pieds immédiatement après ce bain.

Ne vous séchez pas avec une serviette mais frottez-vous avec la paume de la main.

Ce bain que vous pouvez prendre aussi souvent que vous le désirez vous stimulera tout en activant votre circulation.

Je vous conseille, toutefois, de le pratiquer plutôt le matin en temps ordinaire mais vous pouvez très bien le prendre le soir si vous prévoyez une longue soirée...

5. La beauté au printemps

L'hiver se termine. Les températures trop basses, le vent ont souvent fait tirailler votre peau et provoqué des rougeurs et des irritations, parfois même des dartres.

Maintenant que les beaux jours arrivent, il est temps de réhydrater votre épiderme, de lui rendre son élasticité et sa douceur pour le préparer à recevoir les premiers rayons du soleil.

Mais il ne suffit pas de penser qu'une application régulière d'une crème nourrissante, souvent mal appropriée au type de peau, suffira à lui donner un bel aspect durable. Il faut savoir la nettoyer et la traiter en profondeur, et les moyens naturels sont là pour vous y aider.

Tout d'abord, pour nettoyer votre visage, matin et soir, je vous conseille d'utiliser, tout simplement, du lait — du simple lait de vache, de préférence non écrémé — au lieu de votre démaquillant habituel, toujours plus ou moins chimique et qui risquerait, à la longue, de provoquer des problèmes d'allergie même si votre meilleure amie vous le recommande chaudement ! La beauté est, avant tout, personnelle et les réactions épidermiques sont multiples.

Ensuite, voici deux recettes qui vous aideront à traiter votre peau sans l'agresser :

Masque nourrissant et vitaminé

Prenez :

— 1 cuillère à soupe de fromage blanc épais à 40 % ;

— 1 cuillère à soupe d'argile verte ;
— 2 cuillères à soupe de jus d'orange.

Vous mélangez bien (de préférence au fouet afin d'obtenir une pâte bien homogène).

Vous appliquez sur le visage bien nettoyé (au lait) et conservez 15 minutes. Rincez à l'eau tiède.

Je vous conseille d'appliquer ce masque 2 fois par semaine régulièrement, du début du printemps à l'été.

Il convient à tous les types de peau, mais si la vôtre est particulièrement grasse, vous pouvez remplacer le jus d'orange par de la purée de fraises (en saison, bien sûr !).

Les qualités de ce masque sont les suivantes :
— il nettoie votre peau en profondeur ;
— il vous débarrasse des points noirs ;
— il est raffermissant et adoucissant ;
— il « réveille » votre épiderme.

Huile adoucissante et embellissante

Pour préparer cette huile, il vous faudra :
— 1 cuillère à soupe de fleurs de lavande ;
— 1 cuillère à soupe de pétales de coquelicot ;
— 1 cuillère à café de tilleul ;
— 1 cuillère à café de verveine.

Passez ces plantes au mixeur afin de les pulvériser.

Faites-les macérer pendant 15 jours dans 250 ml d'huile d'amandes douces. Remuez le flacon tous les jours. Lorsque le temps de macération est écoulé, filtrez.

Cette huile de beauté, amie des peaux irritées et malmenées, est une panacée après les rigueurs de l'hiver.

Vous l'utiliserez en application 2 fois par semaine

après le démaquillage. Je vous recommande de la faire pénétrer du bout des doigts en faisant de petits mouvements circulaires.

Vous rincez ensuite avec de l'eau tiède et vous séchez bien le visage en tamponnant et non en frottant.

Je vous conseille d'utiliser cette huile par cure de 10 jours consécutifs à chaque début de saison.

Vous devez savoir qu'un traitement externe ne suffit pas pour une action durable. Il est également indispensable de nettoyer votre organisme pour avoir un teint frais.

Que faire pour conserver la santé et l'équilibre de votre peau ?

Avant tout, surveillez votre alimentation.

Voici quelques conseils de diététique qu'il est indispensable de suivre :

— consommez, de préférence au pain blanc, du pain complet ou du pain de seigle ;

— ne négligez pas le lait, les laitages, les œufs, les fromages, les poissons, les légumes secs (lentilles, fèves, etc.) qui vous apportent vitamines et surtout magnésium, calcium et autres sels minéraux ;

— mangez en quantité des légumes verts et des fruits. Insistez tout particulièrement sur le persil (mettez du persil haché sur tous vos légumes). Consommez des épinards, des carottes, des tomates, du cresson, etc. ;

— prenez, chaque matin à jeun, un jus de fruit frais (orange, citron, pamplemousse).

Pour hydrater votre peau, buvez au minimum 1 litre d'eau plate par jour. C'est un traitement plus efficace que la meilleure des crèmes hydratantes.

Une tisane pour se détendre

Le soir, avant de vous coucher, prenez 1 tasse de cette tisane qui facilitera votre digestion, vous aidera à dormir paisiblement et vous offrira un visage aux traits bien détendus au réveil :

— 1 cuillère à café de mélisse ;
— 1 cuillère à café de feuilles de bigaradier ;
— 1 cuillère à café de tilleul ;
— 1 cuillère à café de verveine ;
— 1 cuillère à café de sauge.

Faites infuser ces plantes dans 1/2 litre d'eau bouillante pendant 10 minutes. *Surtout ne sucrez pas.*

Compresses calmantes et antirides

Faites des cataplasmes de feuilles de laitue. Pour cela : versez dans une poêle 3 cuillères à soupe d'huile d'olive vierge. Prenez 3 belles feuilles de laitue et placez-les dans l'huile d'olive froide. Laissez chauffer à feu doux pendant 5 minutes.

Appliquez les feuilles cuites, tièdes, sur le visage. Conservez 15 minutes. Rincez à l'eau tiède.

Ces cataplasmes, tout en assouplissant votre peau, ont une action antirides et évitent à votre épiderme de se dessécher. Je vous recommande de procéder à cette application de laitue au moins 1 fois par semaine.

Je vous rappelle toutefois que la solution pour conserver une très belle peau réside dans un bon équilibre d'alimentation et de rythme de vie (alternance harmonieuse des temps de travail et de détente).

6. Bronchite

Ça y est! Hier, vous avez bien eu l'impression d'attraper froid mais aujourd'hui vous en êtes sûr, et ce coup de froid, comme on dit en langage populaire, est « tombé sur les bronches ».

Confectionnez-vous vite ces deux remèdes pour désengorger vos voies respiratoires et faciliter l'expectoration.

Sirop de radis noir

Prenez 1 gros radis noir. Lavez-le bien sans l'éplucher. Coupez-le en rondelles fines.

Disposez les lamelles au fond d'un saladier.

Recouvrez de sucre roux cristallisé.

Alternez une couche de radis, une couche de sucre, etc.

Attendez 2 à 3 heures. Un jus abondant va se former.

Lorsque les rondelles de radis sont complètement racornies, recueillez le jus et conservez-le au réfrigérateur.

Prenez-en 1 cuillère à café matin et soir.

Il adoucira votre gorge, calmera votre toux et désengorgera vos voies respiratoires.

De plus, très riche en vitamine C, le radis noir est aussi un excellent cholagogue, c'est-à-dire qu'il stimule la cellule hépatique et vide la vésicule biliaire.

Gelée au chou

La gelée de chou a les mêmes propriétés que le sirop de radis noir.

Si vous ne pouvez pas vous procurer l'un, utilisez l'autre.

Passez au mixeur des feuilles de chou rouge jusqu'à obtenir 1/2 litre de jus.

Ajoutez 250 g de miel de thym ou de lavande et 250 g de sucre cristallisé.

Faites cuire doucement à feu doux 1 heure.

Vous obtenez une gelée d'une très jolie couleur.

Prenez-en 3 à 4 cuillères à soupe par jour.

C'est un excellent moyen de soigner les enfants qui n'aiment pas les médicaments.

7. Cure anti-cholestérol

Il vous faut, à la sortie de l'hiver, une cure dépurative pour aborder le printemps allégé et en pleine forme.

Tout au long de l'hiver, vous avez consommé des aliments lourds, gras, hautement caloriques, et peut-être accumulé des kilos superflus. Votre sang a besoin d'être « nettoyé ».

Si vous avez tendance à avoir un taux de cholestérol élevé, c'est le moment de l'année où il est à son maximum.

Il faut absolument le faire baisser. Aucun remède chimique ne sera plus efficace que cette cure de produits naturels.

Et puis, même si votre taux de cholestérol reste stable, suivez ces conseils pendant 15 jours, vous vous sentirez tellement plus léger...

● *Le matin à jeun*

Buvez 1 verre de jus de pomme (frais si possible).

La pomme est le fruit idéal dans tous les cas de symptômes de surcharge et, bien sûr, d'hypercholestérolémie.

● *Avant le déjeuner, le midi*

Buvez 1 verre à liqueur de macération de *radicelles de poireau*, qui se prépare de cette façon :

— mettez à macérer dans 1 litre de vin blanc doux, pendant 10 jours, 30 g de radicelles de poireau (les petites racines que l'on n'utilise pas en cuisine) que vous aurez, au préalable, bien lavées ;

— agitez la bouteille une fois par jour.

Au bout de 10 jours, filtrez et conservez dans une bouteille bien bouchée.

Cette macération alcoolique permet de combattre, non seulement l'excès de cholestérol, mais également l'urée.

● *Pendant le repas de midi*

Mangez une salade ainsi composée :

— des cœurs d'artichauts frais, assaisonnés avec :

— 1 gousse d'ail pilée,

— 1 jus de citron,

— de l'huile de pépins de raisin.

Vous saupoudrez cette salade d'1 cuillère à soupe de son de blé.

● *Au repas du soir*

Mangez une salade verte ainsi assaisonnée :

— 1 gousse d'ail pilée ;

— vinaigre de cidre ;

— de l'huile de carthame (en magasin de diététique ; le carthame est un chardon).

Vous saupoudrez cette salade d'1 cuillère à soupe de son de blé.

Tous ces produits sont connus pour leurs propriétés dépuratives et anti-cholestérol.

La simple cure de son de blé est le cheval de bataille d'un médecin italien qui préconise, avec succès, ce traitement à raison de 2 cuillères à soupe par jour, à l'exclusion de tout autre médicament. Mélangé à la salade, vous ne le sentez absolument pas.

L'ail fluidifie et purifie le sang.

Le jus de citron a les mêmes propriétés mais, en plus, il facilite le travail du foie.

Les huiles de pépins de raisin et de carthame, sans faire baisser obligatoirement le taux de cholestérol, agissent en dispersant les molécules et les empêchent de s'accrocher aux parois des veines et des artères.

Quant au vinaigre de cidre, il permet de mieux digérer, il solidifie le sang qui est toujours trop alcalin en cas d'intoxication. C'est également le remède idéal de tous ceux qui souffrent de digestion lente et d'aérophagie.

8. Circulation sanguine

Ces deux recettes sont à utiliser au printemps pour stimuler la circulation et alléger le sang.

Nos grands-parents, avec juste raison, choisissaient ce moment de l'année pour faire des cures dépuratives. Au sortir de l'hiver, après avoir abusé d'aliments lourds et souvent gras, nous avons besoin de nettoyer notre sang et de donner un coup de fouet à notre circulation.

Voici donc ces deux recettes, à choisir selon votre goût.

J'ajoute qu'elles sont toutes deux recommandées en cas d'hypertension.

Eau-de-vie d'ail

Prenez 400 g d'ail, le plus frais possible. Épluchez bien les têtes.

Passez-les au mixeur et mettez-les dans un bocal. Ajoutez 1/2 litre d'eau-de-vie de cidre.

Laissez macérer 10 jours, de préférence au soleil, en prenant soin de bien remuer, au moins une fois par jour.

Passé ces 10 jours, filtrez avec un « chinois » (passoire très fine en forme de cône) ; à défaut, utilisez un linge très fin.

Prenez 20 gouttes 2 fois par jour dans 1 cuillère à café de miel de romarin. Vous pouvez également les boire dans un peu d'eau.

Vous pouvez utiliser une autre eau-de-vie pour cette préparation, mais l'eau-de-vie de cidre a des propriétés dépuratives plus intéressantes.

Je vous recommande de commencer cette cure en début de lune croissante, c'est-à-dire le lendemain de la vieille lune (figurée sur les calendriers par un cercle entier blanc), elle n'en sera que plus efficace.

Macération de gui

Prenez des feuilles de gui (environ 4 poignées).

Il est conseillé de les cueillir pendant la floraison, avant que les boules ne soient formées.

La tradition populaire, qui ne se trompe jamais, nous suggère de choisir un soir de pleine lune pour en faire provision !

Coupez ces feuilles en très menus morceaux, sans utiliser de mixeur (de préférence à la main sur une planche de bois).

Mettez 4 cuillères à soupe de gui haché dans un bocal.

Ajoutez 1 litre de très bon vin blanc doux de Bordeaux.

Bouchez le bocal et laissez macérer pendant 7 jours en prenant soin de remuer tous les jours.

Le 7ᵉ jour, filtrez la préparation.

Vous en boirez 1 verre à apéritif avant l'un des deux principaux repas.

Le gui est un merveilleux régénérateur cellulaire dont la renommée a traversé les siècles sans faillir. Il est maintenant utilisé en milieu hospitalier pour certaines maladies graves avec beaucoup de succès.

N'hésitez donc pas à vous en servir. Vous serez surpris du bien-être que vous en éprouverez.

Choisissez l'une ou l'autre de ces cures et suivez-la pendant 21 jours. Non seulement votre circulation sera grandement améliorée, mais vous vous sentirez beaucoup plus léger et dynamique.

Vous pouvez reprendre la cure lorsque vous en ressentez le besoin et je vous recommande de la refaire à l'automne pour vous préparer à l'hiver.

9. Constipation

La constipation est un des fléaux de ce siècle. Les personnes qui n'en souffrent pas ont du mal à imaginer combien cette affection, qu'on ne peut, à proprement parler, appeler une maladie, est «empoisonnante», au propre comme au figuré, pour le malheureux — plus fréquemment la malheureuse — qui en est atteint.

Les recettes que l'on peut donner sont multiples. Je vous en propose deux qui sont inédites et ont fait leurs preuves chez nombre de personnes.

Jus d'ananas au simarouba

Pour préparer cette recette, il faut :
— 150 g d'écorce et de feuilles de simarouba (à acheter en pharmacie ou herboristerie) ;
— de l'argile verte en poudre ;
— 1 ananas.

(Les quantités de simarouba et d'argile indiquées correspondent à un traitement régulier.)

Réduisez en poudre 1 grosse cuillère à café de feuilles et écorce de simarouba dans votre moulin à café pour obtenir 1/2 cuillère à café de poudre.

Ajoutez 1/2 cuillère à café d'argile verte.

Délayez dans 1 grand verre de jus d'ananas frais obtenu en mixant 3 grosses tranches d'ananas (ou grâce à une centrifugeuse).

Buvez chaque matin à jeun dès votre réveil.

Cette recette peut, chez certaines personnes, avoir un effet contraire à celui qui est espéré. Il faut en courir le risque lorsqu'on a tout essayé sans succès car, pour d'autres, très nombreux, c'est un merveilleux régulateur du transit intestinal, efficace là où rien n'avait donné de résultats.

Cure de goyave et de papaye

Mangez, après chaque repas, 1 goyave très mûre. Il est préférable de commencer par 1/2, voire 1/4 de goyave, ce fruit étant particulièrement laxatif.

Si votre foie est cause de votre constipation ou si celle-ci est consécutive à une jaunisse, vous prendrez le matin à jeun :

— 1/2 verre de jus de *papaye verte* et 2 cuillères à soupe de jus de papaye avant les repas.

La pulpe de papaye sera récupérée dans la centrifugeuse après l'extraction du jus. Nous vous conseillons de la conserver au réfrigérateur après l'avoir arrosée de jus de citron. L'action sera ainsi double car le citron est un excellent draineur du foie.

La papaye verte est indiquée en pays africains pour soigner la jaunisse, et ce traitement est remarquablement efficace.

10. Coups - Ecchymoses

Inutile de vous précipiter chez le pharmacien si votre petit dernier s'est fait une énorme bosse au front ou bien s'est coincé les doigts dans la porte. Vous ne savez peut-être pas que votre cuisine recèle tous les ingrédients nécessaires pour soigner tous les bobos. Je vais vous en dévoiler les secrets.

Cataplasme de mie de pain

Pour une bosse ou un hématome :

— prenez gros comme le poing de mie de pain, émiettez-la dans une casserole. Mouillez à hauteur avec un peu de vin rouge et chauffez en malaxant la pâte avec une cuillère de bois pour obtenir une pâte assez épaisse ;

— ajoutez 1 cuillère à soupe d'huile d'olive et, après avoir vérifié la température sur votre main, appliquez le plus chaud possible sur l'endroit douloureux. Maintenez en place grâce à une gaze.

Gardez jusqu'à complet refroidissement. Renouvelez l'application 2 ou 3 fois dans la journée.

Onguent persil-sel

Prenez 1 bonne poignée de persil en branche. Hachez-le menu et mélangez-le avec 1 cuillère à soupe de sel fin. Ajoutez environ 1 cuillère à soupe d'eau-de-vie ou d'alcool (à défaut vous pouvez prendre du rhum, du whisky, du gin ou de la vodka).

Dans un premier temps, recueillez ce liquide pour masser très doucement la zone atteinte, puis étalez le reste de la pâte.

Œufs en neige

Battez en neige ferme, en ajoutant 1 pincée de sel fin, 2 blancs d'œufs.

Étalez cette neige curative sur la zone douloureuse et gardez au moins 1/4 d'heure. Vous aurez ainsi un cataplasme calmant et décongestionnant.

Cette préparation est particulièrement utile pour des ecchymoses étendues si vous avez été roué de coups ou si vous avez fait une chute dans l'escalier, par exemple.

Renouvelez l'application 2 fois dans la journée.

Cataplasme vinaigre-argile

Là aussi, vous pouvez, de cette manière, confectionner un cataplasme utile pour des zones étendues.

Dans un bol, mélangez moitié vinaigre (de cidre de préférence), moitié eau.

Versez cette eau vinaigrée sur 4 cuillères à soupe d'argile verte en poudre.

Je ne peux pas vous indiquer la quantité de liquide à utiliser car certaines argiles « boivent » plus que d'autres. Versez-en suffisamment pour obtenir une pâte assez épaisse qui puisse s'étaler en couche d'environ 1/2 cm.

Gardez jusqu'à séchage de l'argile puis retirez doucement la couche craquelée et rincez à l'eau vinaigrée.

11. Dépression

La dépression, quelle que soit sa gravité, ne doit pas être prise à la légère et il est bien évident qu'un traitement symptomatique ne pourra jamais seul en venir à bout. Il faut à tout prix en trouver les causes profondes avant de commencer un traitement.

Toutefois, j'ai déjà vu des « anxieux-angoissés » guérir miraculeusement avec un simple traitement naturel. Si tel est votre cas, essayez les recettes que je vous conseille :

Cataplasme argile-huiles essentielles

Tous les soirs, par cure de 15 jours, vous appliquerez sur le plexus solaire un cataplasme préparé de cette façon :

— 4 cuillères à soupe d'argile en poudre.

Mélangez l'argile avec de l'eau froide jusqu'à obtenir une pâte souple (vous trouverez l'argile en maison de régime).

Ajoutez ensuite :

— 2 gouttes d'huile essentielle de lavande ;
— 2 gouttes d'huile essentielle de marjolaine ;
— 2 gouttes d'huile essentielle de mélisse.

Mélangez bien le tout et étalez ce cataplasme froid sur votre plexus solaire. Conservez 20 minutes.

Sucre aux essences

Maintenant, si vous traversez une période d'angoisse, d'anxiété, de stress, ayez en permanence dans votre poche un petit flacon du mélange d'huiles essentielles suivantes :

— Huile essentielle de camomille 2 ml ;
— Huile essentielle de lavande 5 ml ;
— Huile essentielle de sauge 3 ml.

Au moment où « rien ne va plus » prenez 2 gouttes de ces essences sur 1 morceau de sucre. Je vous conseille de laisser fondre le sucre dans votre bouche et d'essayer de vous détendre pendant ces quelques instants : fermez les yeux et faites quelques respirations profondes. Vous pouvez renouveler cette prise d'huiles essentielles 3 fois par jour, pas davantage.

Je suis persuadé que, si vous vous détendez bien en adoptant une respiration régulière à l'instant de la prise de cette recette, vous verrez très rapidement vos moments d'angoisse diminuer petit à petit jusqu'à disparaître complètement.

Savez-vous que si vous êtes dépressif, même depuis longtemps, vos « nerfs » n'y sont peut-être pour rien ? Savez-vous qu'il peut s'agir d'une mauvaise assimilation (digestion) provoquant un état de fatigue permanent et vous obligeant à « vivre sur les nerfs ». A la longue, cette surtension nerveuse se transforme en état dépressif. Tous les calmants que vous pourrez absorber ne feront que ralentir vos fonctions d'assimilation et aggraver votre état de dépression.

Il faut réagir, dynamiser votre organisme au lieu de continuer à vous enfoncer davantage dans votre état d'hébétude.

Préparez vite les deux compositions que je vous indique et vous serez surpris de vous sentir bien vite en pleine forme.

Tisane dynamisante-calmante

Commandez à votre marchand de plantes :
— Menthe douce (feuilles) 30 g ;
— Sauge (feuilles) 30 g ;
— Carvi (semences) 20 g ;
— Fenouil (semences) 20 g ;
— Angélique (racines) 40 g ;
— Millefeuillle (plante entière) 20 g ;
— Alchémille (sommités) 20 g.

Comptez 1 cuillère à soupe du mélange pour 1 grande tasse d'eau froide, portez à ébullition, éteignez le feu dès que l'eau commence à bouillir. Couvrez et laissez infuser 10 minutes.

Si vous n'avez pas la possibilité d'en boire à midi, remplacez votre déjeuner du matin par une grande tasse de votre tisane. Vous serez étonné de vous sentir rapidement plus gaillard, de mieux digérer et de voir votre aérophagie (fréquente en cas de dépression) disparaître.

Élixir anti-déprime

Achetez un bon vin demi-sec de xérès. Si vous avez l'occasion d'aller à Xérès, faites-en provision dans une de ces merveilleuses « bodegas » où vous aurez la possibilité de choisir le xérès le plus à votre goût.

Il vous faut :
— 1 litre de xérès demi-sec ;
— 30 g d'écorce de cannelle ;
— 15 g de racine de gentiane ;
— 15 g de racine d'angélique.

Laissez macérer 10 jours au soleil. Filtrez.

Buvez 1 verre apéritif avant le repas du soir.

Vous pouvez — et je vous le conseille — utiliser ces deux préparations en même temps :
— 1 tasse de tisane matin et soir ;
— 1 verre apéritif avant le repas du soir,

... et écrivez-moi après 1 mois de ce traitement pour me dire si vous avez encore besoin de vos petites pilules.

12. Dos (mal de)

Le mal de dos, « mal du siècle », est de plus en plus répandu. Cette triste constatation ne doit pas vous faire baisser les bras, bien au contraire. Nous avons, grâce aux plantes médicinales et aux remèdes naturels, bien des moyens de vous en débarrasser.

Si cette douleur est d'apparition brutale et occasionnelle, il s'agira, le plus souvent, d'un problème de vertèbres. Il faut alors consulter un praticien spécialisé.

En attendant de consulter, suivez mes conseils. Peut-être le soulagement sera-t-il si complet que la consultation deviendra inutile !

Cataplasme argile-bruyère

Achetez :
— Argile verte surfine en poudre (1 pot de 500 g ou 1 kg) ;
— Fleurs de bruyère 300 g.

Préparez une décoction de fleurs de bruyère en faisant bouillir 50 g de fleurs 10 minutes dans un litre d'eau. Laissez infuser 10 minutes. Ne filtrez pas. Mélangez votre décoction (avec les fleurs) à 6 cuillères à soupe d'argile verte.

Appliquez sur la zone douloureuse en 1 cm d'épaisseur, recouvrez d'une gaze.

Surtout, ne retirez pas l'argile avant qu'elle soit sèche. Ce cataplasme soulage rapidement les douleurs et, renouvelé régulièrement, il fortifie les articulations et prévient les douleurs dues à l'arthrose.

Huile médicinale

Prenez une bouteille vide d'un demi-litre.

Emplissez-la jusqu'au quart de baies de genièvre écrasées, puis jusqu'à la moitié de thym. Ajoutez 10 clous de girofle.

Complétez, jusqu'à la remplir, avec de l'huile camphrée. Vous trouverez le thym, les baies de genièvre, l'huile camphrée chez votre pharmacien, les clous de girofle chez votre épicier.

Laissez macérer au minimum 15 jours à la lumière du jour avant l'emploi. Vous n'êtes pas obligé de filtrer.

Appliquez en massages sur la partie douloureuse jusqu'à ce que la peau soit bien échauffée. A faire matin et soir.

Comme toujours, il ne suffit pas de voir une douleur disparaître momentanément pour s'estimer satisfait. Il faut en rechercher les causes profondes.

Si vous avez eu mal au dos, une fois, occasionnellement, il n'y a pas lieu de vous tracasser ; mais si cette douleur réapparaît régulièrement, ou pis si elle ne vous quitte pas, il est indispensable d'entreprendre des soins prolongés.

Sur quels points précis devraient-ils porter ?

— Élimination des toxines, cause probable d'un début d'arthrose ou d'un état inflammatoire.

— Rééquilibrage de la statique vertébrale.

En attendant l'avis d'un praticien, commencez donc par prendre votre cas en mains...

Tisane d'élimination

— Serpolet (sommités) 30 g ;
— Prêle (plante) 30 g ;
— Frêne (feuilles) 20 g ;
— Chiendent (racine) 20 g ;
— Paliure (semences) 20 g ;
— Fraisier (racine) 15 g ;
— Patience (racine) 15 g ;
— Olivier (feuilles) 25 g.

Mettez 4 cuillères à soupe du mélange de plantes dans 1 litre d'eau froide. Laissez reposer la nuit.

Portez le matin à ébullition. Ne laissez pas bouillir. Filtrez, *buvez en 2 jours.*

L'idéal serait de répartir quotidiennement en 3 prises :

— le matin à jeun ;
— 1 heure avant le repas de midi ;

— 1 heure avant le repas du soir.

De toute façon, loin des repas.

Si vous avez tendance à souffrir de douleurs articulaires, même si elles ne sont pas localisées à la colonne vertébrale, je vous conseille d'essayer cette préparation et d'en faire régulièrement une cure de 15 jours, de préférence en période de lune décroissante.

Douche chaude

Un des meilleurs moyens de vous soulager en cas de douleurs du dos est de *pratiquer la douche chaude de la colonne vertébrale*.

Non pas en vous aspergeant n'importe comment mais en suivant les principes rigoureux de l'hydrothérapie médicale, tels qu'ils devraient être appliqués dans tous les centres spécialisés.

a) Commencez par la région lombaire (le bas du dos). Tournez dans le sens des aiguilles d'une montre et en insistant sur le haut des fessiers. Lorsque cette zone est très chaude...

b) Montez le long de la colonne vertébrale sur la gauche et redescendez sur la droite.

Exécutez ce mouvement très lentement, à plusieurs reprises, jusqu'à ce que tout votre dos soit très chaud.

c) Restez deux minutes sur la nuque et, pour finir, redescendez en suivant la ligne des vertèbres.

Immédiatement après cette douche, appliquez l'huile médicinale dont je vous ai donné la recette. L'échauffement musculaire produit par la douche achèvera la pénétration de l'huile et doublera son efficacité.

13. Les efforts sportifs

Lorsque vous avez décidé de reprendre le sport ou — si vous êtes déjà sportif — de vous préparer à une compétition, il est indispensable de stimuler votre organisme pour en tirer le maximum d'énergie.

Je vous ai préparé un mélange détonant pour vous dynamiser au maximum. Une cure de 10 jours vous permettra d'être au mieux de votre forme. Toutefois, n'en abusez pas, vous ne pourrez tourner à dix mille tours en permanence.

Il ne faut pas utiliser cette cure plus de 2 fois par an, sinon vous risqueriez d'épuiser vos forces.

Au cas où vous seriez courbatu après vos efforts (n'ayez pas honte, même les plus grands sportifs le sont), je vous ai également concocté une friction souveraine pour effacer douleurs et contractures :

Mélange détonant

Rien de tel que ce petit déjeuner pour réveiller le « King Kong » ou le « Hulk » qui sommeille en vous :
— 1 jaune d'œuf très frais ;
— 1 jus de citron ;
— 1 cuillère à soupe de miel de romarin ;
— 1 cuillère à soupe de persil haché (plat de préférence) ;
— 5 g de levain naturel.
Mélangez le tout dans un bol.
Passez au mixeur rapidement.
Mangez très lentement en guise de petit déjeuner.

Vous désirez une explication scientifique ? Voyez la teneur en vitamines des différents ingrédients :
— jaune d'œuf : A, B1, B2, C, D ;
— citron : A, B1, B2, B3, C, PP ;
— levain : A, B, E ;
— persil : A, B, C.

Sans parler des différents oligo-éléments, catalyseurs indispensables du bon fonctionnement de votre chimie interne : fer, iode, calcium, magnésium, phosphore, sodium, potassium, manganèse, soufre, silice, cuivre... et bien d'autres encore qui échappent, à l'heure actuelle, aux analyses.

Croyez-moi, vous ne trouverez pas mieux comme stimulant et vous serez également étonné de *beaucoup mieux digérer.*

Huile anti-douleur

Cette huile de friction est à préparer à l'avance. Elle se conserve parfaitement et vous devez toujours en avoir dans votre pharmacie. Vous l'utiliserez dans tous les cas de douleurs, qu'elles soient d'origine sportive ou rhumatismale :
— Huile d'olive 1/2 litre ;
— Camomille romaine 10 têtes ;
— Fleurs d'arnica 15 g ;
— Fleurs de bruyère 10 g.

Passez le tout au mixeur pendant 30 secondes.

Faites cuire le mélange au bain-marie pendant 2 heures.

Filtrez.

Ajoutez :
— Huile essentielle d'origan 5 ml ;
— Huile essentielle de romarin 5 ml.

En cas de fatigue, effectuez un massage léger, suffisamment long pour faire pénétrer l'huile.

Attention : il est indispensable de secouer le flacon avant l'utilisation pour bien mélanger les huiles essentielles.

Bien souvent l'été est l'occasion d'une prise de conscience. Après s'être vu sur les plages sans l'artifice des vêtements, après s'être essayé au tennis, à la planche à voile, au ski nautique ou à tout autre sport, on a réalisé combien notre corps nous échappe.

Aussi, à l'automne, décidons-nous le plus souvent de nous « reprendre en main » pour ne pas trop souffrir l'année prochaine.

Mais il ne suffit pas de s'inscrire dans un cours de gymnastique, de danse ou de karaté. Il faut être sûr de pouvoir suivre le rythme.

Pour cela, deux solutions indispensables :

— *Avant :* nettoyer votre corps, surtout le foie et les reins ;

— *Après :* disposer d'un moyen de faire disparaître les courbatures et de vous défatiguer.

Tisane de drainage

Cette formule a l'avantage de drainer le foie, la vésicule et les reins. Elle vous dynamisera, vous reminéralisera par la présence dans sa composition de la sauge et de la prêle.

Je vous conseille de suivre une cure pendant 21 jours à la reprise du sport ou, mieux, avant :

— Genièvre (baies) 20 g ;
— Sauge (feuilles) 20 g ;
— Persil (semences) 10 g ;
— Anis vert (semences) 10 g ;
— Prêle (plante entière) 30 g ;
— Bouleau (feuilles) 25 g ;

- Verge d'or (sommités) 25 g ;
- Fumeterre (plante entière) 25 g ;
- Salsepareille (racine) 25 g.

5 cuillères à soupe du mélange pour 1 litre d'eau. Faites bouillir 30 secondes. Laissez infuser 10 minutes. Filtrez.

Buvez dans la journée en 3 fois, si possible 1 heure avant les repas.

Votre organisme sera tout neuf et prêt à éliminer toutes les toxines dégagées par vos exploits sportifs.

Bain de remise en forme

Si, malgré toutes les précautions, vous êtes allé au-delà de vos forces et que vous vous sentez las et « moulu » — ce qui est, après tout, logique — préparez-vous un bon bain chaud avec cette merveilleuse formule qui, non seulement effacera vos courbatures, mais vous donnera envie de repartir à l'attaque :
- Huile essentielle de romarin 5 ml ;
- Huile essentielle de marjolaine 5 ml ;
- Huile essentielle de lavande 5 ml ;
- Huile de noyau hydrogénée Codex 25 ml ;
- Huile de pépins de raisin Codex 60 ml.

3 cuillères à soupe dans l'eau d'un bain très chaud d'environ 15 minutes et qui sera toujours suivi d'une douche froide des jambes. Ne vous essuyez pas, frottez-vous seulement du revers de la main. Enveloppez-vous d'un peignoir et restez au chaud une heure.

14. Empoisonnement

Vous ne vous sentez pas bien, un peu barbouillé ?

Peut-être est-ce dû à ces crustacés pas aussi frais qu'ils auraient dû l'être, à cette viande, ces fruits dont on n'est jamais sûr de la bonne qualité ou même à ces prises abusives de médicaments auxquelles vous n'avez pas pris garde.

Quelle qu'en soit l'origine, vous êtes victime d'un empoisonnement : il vous faut réagir, et vite, d'une façon simple mais efficace.

Afin de remédier à cette « intoxication organique », je vous propose deux recettes qu'il vous sera facile de réaliser et dont vous pourrez rapidement apprécier les résultats.

Ces remèdes naturels sont à la portée de tous de par leur composition et doivent être accompagnées d'une diète de deux jours qui amplifiera leurs résultats et sera du meilleur effet pour votre organisme surchargé.

Jus de légumes dépuratif

Ce jus de légumes est à préparer le matin de façon à pouvoir le boire en trois fois dans la journée, de préférence à l'heure habituelle des repas, qu'il remplacera :

— 1 botte de cresson de culture ;
— 4 carottes ;
— 1 bouquet de persil.

Passez les légumes à la centrifugeuse (ou au mixeur)

afin d'en recueillir le jus (à conserver au réfrigérateur).

Buvez cette préparation à raison d'1 verre 3 fois par jour.

N'oubliez pas de n'utiliser que du cresson de culture car le cresson sauvage dit « de fontaine » est la plante de prédilection de la douve du foie.

Pensez à laver soigneusement ces trois légumes et à brosser les carottes sans les éplucher.

Cette « boisson remède » au goût très frais vous aidera à éliminer les toxines et vous donnera un « coup de fouet » pour la journée.

Le lait aillé

Cette recette est d'une efficacité remarquable.

Chacun connaît les vertus du lait en cas d'empoisonnement. Or celles-ci associées aux qualités antiseptiques et dépuratives de l'ail en font un remède miraculeux :

— 1 l de lait frais entier ;
— 1 gousse d'ail.

Coupez la gousse d'ail en petits morceaux, incorporez-les au litre de lait.

Faites chauffer à petit feu pendant 1/2 heure (aidez-vous pour cela d'un anti-monte-lait facile à trouver dans les drogueries, qui vous permettra de faire chauffer le lait sans qu'il déborde).

Laissez refroidir 1 heure. Filtrez.

Buvez ce lait à raison d'1 verre apéritif toutes les heures.

Ces deux recettes sont à choisir selon le goût de chacun.

Je vous rappelle qu'une bonne diète pendant 2 jours, accompagnée de l'une de ces deux recettes ou, mieux, des deux alternées pendant la journée, sera d'un effet souverain pour tous les maux occasionnés par un empoisonnement.

Ces deux petites recettes constituent, en plus, une véritable cure de jouvence pour un organisme encrassé.

Nous avons vu comment remédier aux empoisonnements subits. Or il existe une forme plus sournoise d'intoxication, celle dont vous êtes victime quotidiennement de par une alimentation trop riche ou peut-être une prise excessive de médicaments.

Les petits somnifères du soir, les sucreries, charcuteries, alcools, ne font pas bon ménage avec votre foie. Celui-ci se fatigue et assimile de plus en plus difficilement ces surcharges.

Si vous êtes souvent fatigué, si vous vous réveillez mal, le teint brouillé, dans un état nauséeux, vous avez besoin d'un traitement prolongé qui purifiera votre organisme et l'aidera à se débarrasser de ces substances toxiques accumulées petit à petit.

Ce petit « nettoyage de printemps » vous sera très bénéfique et vous vous sentirez rapidement très en forme.

Décoction dépurative

Cette tisane est à préparer d'avance pour la journée. Pour que son effet dépuratif soit des plus efficaces, je vous recommande de surveiller votre alimentation et d'éviter les excès de graisses et de sucres.

— Fumeterre (plante entière) 20 g ;
— Chicorée (racine) 20 g ;
— Tormentille (racine) 20 g ;
— Verge d'or (plante entière) 10 g ;

— Marrube blanc (sommités) 10 g.

Versez 4 cuillères à soupe de ce mélange dans 1 litre d'eau froide.

Amenez à ébullition sans laisser bouillir. Filtrez. Versez cette décoction dans un thermos si vous en avez un. Sinon, conservez la préparation dans une bouteille de verre qu'il vous sera facile d'avoir à portée de la main durant la journée.

Si le goût vous semble amer, sucrez avec du miel de thym car il est préférable de ne pas charger votre foie avec trop de sucre.

Cataplasmes chauds aux fleurs de millefeuille

Ces cataplasmes agissent d'une façon fantastique sur le foie en l'aidant à remplir son rôle d'organe épurateur et en vous soulageant des douleurs que vous pourriez avoir.

— 1/2 l d'huile d'olive vierge (1re pression à froid);

— 150 g de fleurs de millefeuille séchées.

Faites chauffer l'huile d'olive et les fleurs de millefeuille au bain-marie pendant 2 heures.

Laissez refroidir le liquide épais obtenu jusqu'à ce qu'il soit tiède.

Étendez une partie de la mixture sur une feuille de papier aluminium d'environ 20 cm sur 20 cm. Réservez le reste pour un prochain cataplasme.

Recouvrez d'une gaze et retournez les bords du papier aluminium sur ceux de la gaze afin d'en faire une enveloppe fermée.

Posez le cataplasme à l'endroit du foie, la gaze contre la peau en la maintenant en place avec une large bande.

Laissez en place pendant 1 heure.

Vous ferez ce cataplasme pendant 4 ou 5 jours de suite pour obtenir une action rapide.

Les soins à l'aide de cataplasme agissent d'une façon locale externe, c'est pourquoi je vous recommande de suivre le traitement en associant la décoction aux cataplasmes. Grâce à cette cure dépurative que vous suivrez pendant 3 semaines avec 1 jour de diète par semaine, votre foie aura retrouvé une vigueur nouvelle et votre état général n'en sera que meilleur.

Alors, prêt à faire la chasse aux toxines ?

15. Enrouement

En dehors des rhumes et des bronchites, qui seront à traiter comme je vous l'indique par ailleurs, il peut arriver que vous vous réveilliez un matin presque aphone ou avec « un gros chat dans la gorge » qui vous donne une voix plus proche du coassement de la grenouille que du chant mélodieux des oiseaux.

Si tel est le cas, utilisez ces deux recettes que vous pourrez confectionner avec les moyens du bord.

Décoction chou rouge-persil

Prenez 5 feuilles de chou rouge.

Coupez-les en fines lanières.

Mettez les feuilles dans 1 litre d'eau avec 1 bouquet de persil.

Faites bouillir à feu doux pendant 20 minutes.

Buvez dans la journée à raison d'1 verre apéritif toutes les heures.

Renouvelez le lendemain si nécessaire.

Cataplasme gros sel gris-citron

Imprégnez 1 poignée de gros sel gris avec le jus d'1 citron chaud.

Appliquez directement sur la gorge après avoir préalablement étendu le sel sur une gaze.

Entourez la gorge d'un linge de coton et conservez pendant 1 heure.

Vous pouvez associer ces deux traitements pour un résultat rapide.

Ces deux recettes vous rendront également service en cas de laryngite chronique.

Je vous conseille, dans ce cas, de boire tous les jours, comme pour une cure, la décoction chou rouge-persil et de réserver en supplément le cataplasme pour les jours où vous êtes plus enroué qu'à l'ordinaire.

Les chanteurs qui craignent les coups de froid se trouveront bien de ces deux recettes qui leur permettront de retrouver une voix claire.

En cas d'enrouement chronique, je vous conseille de consulter un spécialiste en O.R.L. car ce peut être le début d'un problème plus grave.

16. Entorse

L'entorse est l'élongation des ligaments d'une articulation mais sans déplacement ni arrachement ligamentaires.

La remise en place de l'articulation atteinte suivie de massages spéciaux doit toujours donner des résultats très rapides.

Quoi qu'il en soit, il faut avant tout avoir recours à des soins de première urgence.

Je vous conseille aujourd'hui deux recettes si votre articulation ne présente *pas de gonflement* :

Cataplasme argile-bruyère

Préparez un mélange avec :

— 3 cuillères à soupe d'argile verte en poudre (que vous trouverez en maison de régime);

— 3 cuillères à soupe de fleurs de bruyère.

Mélangez l'argile avec de l'eau chaude jusqu'à obtenir une pâte homogène. Ajoutez les fleurs de bruyère.

Appliquez le mélange directement sur l'articulation douloureuse.

Maintenez le cataplasme avec une bande sans trop serrer.

Conservez pendant au moins 2 heures.

Renouvelez ce cataplasme 2 fois par jour jusqu'à disparition complète de la douleur, donc de l'inflammation.

Friction arnica-huiles essentielles

Ayez toujours dans votre armoire à pharmacie ce mélange qui offre l'avantage d'être un remède de première urgence. Vous le ferez préparer en pharmacie :
— Teinture-mère d'arnica 100 ml ;
— Huile essentielle de romarin 15 ml ;
— Huile essentielle de gingembre 10 ml.
Massez doucement l'articulation pour faire pénétrer cette solution. Le premier soir surtout, préparez une compresse imbibée de ce mélange. Appliquez-la sur l'articulation, entourez d'un linge et conservez toute la nuit.

Je vous ai donné des conseils de première urgence pour soigner une entorse sans gonflement.
Si vous souffrez beaucoup et que votre articulation est rouge et gonflée, il vous faudra suivre les recettes que je vous indique maintenant.

Bain de glace

J'insiste particulièrement sur ce bain car il devrait toujours être la première thérapeutique en cas d'entorse avec gonflement.
Pour les articulations des mains et des pieds, il vous suffira de mettre un peu d'eau dans une cuvette, d'y vider les glaçons de votre réfrigérateur et de baigner l'articulation douloureuse pendant 1/4 d'heure.
Si l'entorse vous arrive aux sports d'hiver, appliquez tout de suite de la neige fraîche en cataplasme bien épais sur l'endroit douloureux. Ce traitement d'urgence a le double intérêt de calmer la douleur et

d'empêcher l'inflammation et le gonflement des tissus.

Pour les autres articulations, vous mettrez les glaçons dans un sac en plastique et le maintiendrez sur l'endroit atteint pendant 1 heure en ayant soin d'interposer un linge entre la peau et la glace.

Cataplasme fleurs d'arnica - argile

Préparez un cataplasme avec 3 cuillères d'argile verte en poudre que vous mélangerez avec 1 infusion de fleurs d'arnica.

Vous la préparerez à raison de 2 poignées de fleurs pour 1/2 litre d'eau bouillante. Laissez infuser 15 minutes. Il n'est pas nécessaire de filtrer.

Délayez l'argile avec cette infusion jusqu'à obtenir une pâte.

Appliquez sur l'articulation gonflée et entourez d'un linge.

Vous ne retirerez ce cataplasme que lorsque l'argile sera complètement sèche.

Renouvelez 2 fois par jour jusqu'à disparition du gonflement et de la rougeur.

17. Fatigue

Si vous êtes fatigué, il faut réagir et réagir vite. Il est certes indispensable de trouver le moyen radical de vous stimuler et de vous remettre en selle, mais il faut également établir la différence entre fatigue occasionnelle et fatigue chronique.

La première sera jugulée par mes conseils, l'autre doit, avant tout, vous conduire à faire un examen de conscience et à revoir votre mode de vie. Elle sera, neuf fois sur dix, la conséquence d'un déséquilibre : vie trop trépidante, alimentation trop riche, insatisfactions permanentes, etc. Posez-vous la question, vous seul pouvez y répondre et y remédier.

En attendant, un bon coup de fouet ne peut que vous faire du bien.

Gelée royale et huiles essentielles

Achetez du miel à *4 % de gelée royale.*

Prenez tous les matins, après le petit déjeuner :

— 1 cuillère à soupe de miel à la gelée royale en ajoutant dans la cuillère :

— 1 goutte d'huile essentielle de romarin ;
— 1 goutte d'huile essentielle de sauge ;
— 1 goutte d'huile essentielle de citron ;
— 1 goutte d'huile essentielle de verveine ;
— 1 goutte d'huile essentielle de thym.

Surtout ne dépassez sous aucun prétexte ces proportions d'huile essentielle. 5 gouttes quotidiennes constituent un maximum.

Cette cure peut être poursuivie pendant 2 semaines consécutives au maximum. Si vous n'êtes pas en pleine forme, il faut consulter un praticien qui trouvera *les causes* de votre fatigue et y remédiera grâce à un traitement de fond.

Vous pouvez consommer le miel en plus grande quantité mais, méfiez-vous, le foie le supporte mal.

Vin cordial

Tombé en désuétude, le Vin médicinal est une des préparations les plus rapidement stimulantes que je connaisse. Souvenez-vous du « Quinquina » de votre enfance, comme il vous dynamisait rapidement !

Préparez vous-même votre vin tonique, il vous donnera plus de satisfaction que n'importe quel « remontant » chimique :

— Racine de gentiane 10 g ;
— Racine d'angélique 10 g ;
— Écorce d'orange 5 g ;
— Baies de myrte 5 g ;
— Vin rouge biologique 1 l.

Chauffez *très doucement le vin et les plantes* jusqu'à ébullition, ne laissez pas bouillir. Laissez reposer 2 heures. Filtrez. Ajoutez 2 morceaux de sucre non raffiné. Buvez à raison d'1 verre apéritif avant le repas du soir.

Ce vin vous permettra de mieux digérer, de faire disparaître aérophagie, digestion lente et *fatigue*. Il convient particulièrement bien aux personnes sujettes à l'anémie, grâce à la gentiane qui favorise la formation des globules rouges et blancs.

Dans le cas de fatigue chronique, mise à part une profonde insatisfaction due à votre mode de vie, nous retrouvons toujours une mauvaise digestion, une élimination des toxines insuffisante et une circulation ralentie.

Il faut donc chercher, en premier lieu, à stimuler ces trois points : assimilation, élimination, circulation.

Les deux conseils que je vous donne, complémentaires l'un de l'autre, y réussissent parfaitement.

Suivez-les scrupuleusement pendant 1 mois et vous serez étonné de retrouver votre vitalité... dans tous les domaines.

Tisane rééquilibrante

— Sommités de romarin 35 g ;

- Sommités de serpolet 30 g ;
- Sommités de marjolaine 25 g ;
- Racines de gentiane 20 g ;
- Racines de genièvre 20 g ;
- Feuilles de fraisier 25 g ;
- Écorce de fraxinelle 25 g ;
- Fumeterre 35 g.

Comptez 5 cuillères à soupe pour 1 litre d'eau. Portez à ébullition. Ne laissez pas bouillir. Couvrez et laissez infuser 10 minutes.

Buvez en 3 prises :
- le matin à jeun ;
- 1 heure avant le repas de midi ;
- 1 heure avant le repas du soir.

Draineurs des reins, stimulants de la digestion, des fonctions biliaires et hépatiques, de la circulation, de l'élimination des toxines...

Voici, résumées très brièvement, les propriétés de cette préparation que je vous conseille de commander au plus tôt à votre spécialiste des plantes.

Bain stimulant

Faites préparer en pharmacie le mélange suivant :
- Huile essentielle de romarin 15 ml ;
- Huile essentielle de verveine 5 ml ;
- Huile essentielle de sauge 5 ml ;
- Huile de noyau hydrogénée Codex 30 ml ;
- Huile de pépins de raisin 50 ml.

Il faut ajouter 2 cuillères à soupe de ce liquide à l'eau de votre bain.

Ce grand bain doit durer 10 minutes — pas plus — et toujours être suivi par une douche froide des jambes.

Les bains aux essences de plantes constituent en cas de fatigue une véritable panacée.

Ils stimulent la circulation et traitent réellement en profondeur car les essences de plantes pénètrent à travers la peau.

Cette technique de soins, la phyto-balnéothérapie, qui est une de mes préférées, a en outre l'avantage d'être tout particulièrement agréable car ces essences dégagent des senteurs merveilleuses et naturelles !

18. Fatigue sexuelle

Vous accusez une baisse de tonus général et cette baisse de tonus se manifeste, hélas ! aussi au niveau de vos fonctions sexuelles.

Vous avez l'impression que votre libido est en sommeil. Pour que vous retrouviez votre vitalité habituelle, faites vite cette cure de remise en forme.

Tisane de salsepareille

Si la salsepareille est la nourriture préférée des Schtroumpfs, ce n'est peut-être pas tout à fait par hasard. Ils ont découvert avant nous les propriétés tonifiantes de la racine de salsepareille. Faites comme eux et vous vous en sentirez tout ragaillardi.

Procurez-vous :
— Racine de salsepareille 200 g ;
— Feuilles de berce séchée 100 g ;
— Poudre de gingembre 50 g.

Mettez 2 cuillères à soupe de racine de salsepareille à bouillir dans 1/2 litre d'eau pendant 10 minutes. Éteignez le feu et ajoutez à ce moment 1 cuillère à soupe de feuilles de berce. Laissez infuser 10 minutes avant de filtrer.

Buvez-en 3 verres par jour entre les repas en ajoutant, au moment de boire, 1/2 cuillère à café de poudre de gingembre.

Les résultats ne sont pas immédiats mais ils se feront sentir bientôt.

Prenez cette préparation à raison de 15 jours par mois en période de lune croissante.

Bain aphrodisiaque

Pour un effet plus immédiat, si vous avez une simple baisse de tonus passagère, prenez un bain à l'huile essentielle de romarin.

Mélangez dans un flacon :
— Huile essentielle de romarin 15 ml ;
— Labrafil Codex (en pharmacie) 25 ml ;
— Huile de pépins de raisin (60 ml).

Agitez bien.

Faites-vous couler un bain très chaud, environ 40°. Ajoutez 3 cuillères à soupe de votre mélange et détendez-vous dans ce bain un bon 1/4 d'heure.

L'huile essentielle de romarin est un excellent tonique de l'organisme, doué de propriétés vaso-dilatatrices, ce qui le rend précieux dans certains cas.

Pour un effet plus marqué et une odeur irrésistible, vous pouvez ajouter 4 à 5 gouttes d'huile d'essentielle d'ylang-ylang à votre bain.

En dehors de cette action particulière, un bain au romarin pris, par exemple, après votre journée de travail, si vous devez sortir le soir ou danser toute la nuit, vous donnera un coup de fouet spectaculaire.

19. Froid (coup de)

Savez-vous que votre réfrigérateur recèle, en permanence, mille trésors qui vous permettront de vous soigner sans médicaments, plus efficacement et sans risque d'effets secondaires ?

Si votre organisme est fatigué, s'il réagit mal, vous risquez d'être la victime de ces fameux « coups de froid » qui viennent sans prévenir et s'installent d'autant mieux qu'ils trouvent un terrain peu préparé à se défendre.

Bouillon-médicament

Dès les premiers frissons et la première toux, attaquez vite pour court-circuiter votre rhume. Vous trouverez tous les ingrédients nécessaires à cette contre-offensive dans votre cuisine. Il vous faut :
— Navet 50 g ;
— Carotte 50 g ;
— Cerfeuil 1 poignée ;
— Lait entier 1 l.
Hachez menu, navet, carotte et cerfeuil.

Portez à ébullition dans le lait. Laissez reposer 10 minutes. Filtrez.

Buvez chaud à raison d'1 tasse toutes les heures pendant une journée.

C'est un des meilleurs moyens de se dégager les bronches si le mal est pris à son début.

Si vous n'avez pas de cerfeuil, qui est assez difficile à trouver, remplacez-le par du persil, non frisé de préférence.

Cataplasme anti-toux

Si vous avez pris froid et qu'immédiatement vous commencez à tousser, il vous faut réagir vite pour éviter à vos bronches de s'encombrer.

Le cataplasme local sur la poitrine constitue un remède le plus rapide d'action.

Prenez :
— 6 feuilles de chou vert ;
— 3 gros oignons.

Hachez le tout en menus morceaux. Recouvrez d'eau.

Faites bouillir doucement jusqu'à évaporation complète de l'eau sans laisser roussir.

Appliquez tiède sur la poitrine et gardez en place pendant 1/2 heure en maintenant avec un linge.

Les résultats seront encore meilleurs si vous ajoutez :
— 2 cuillères à soupe d'argile verte ;
— 2 cuillères à soupe de son de blé.

Vous trouverez ces deux ingrédients en magasins de régime.

Le chou et l'oignon ont la propriété de drainer les toxines et de désinfiltrer les tissus.

Aussi rapide d'action que la farine de moutarde (ou tout autre révulsif), ce cataplasme de chou et d'oignon n'est pas du tout agressif pour la peau.

C'est le remède idéal pour les enfants à la peau sensible, pour les vieillards et... pour vous, si vous n'aimez pas les remèdes de cheval !

En complément de ces deux recettes que je vous ai données pour les coups de froid, et surtout si vous vous sentez la tête lourde et brûlante, vous ferez le plus vite possible le bain de pieds que je vous indique :

Bain de pieds chaud au savon noir

Pour réaliser cette recette, il vous faudra :
— 1 cuvette d'eau chaude à 42° ;
— 3 cuillères à soupe de savon noir.

Vous laissez le savon se dissoudre dans l'eau quelques instants et trempez vos pieds pendant 10 minutes. Vous ajoutez de l'eau chaude tout au long du bain afin de conserver et même d'augmenter la température. Vos pieds doivent être écarlates.

Au bout de 10 minutes, vous essuyez vos pieds avec le plat de la main (sans frotter avec une serviette), puis vous vous couchez, bien au chaud.

Si vous avez fait un feu de cheminée, vous pouvez remplacer le savon noir par une bonne pelletée de *cendres de bois*.

Sirop d'oignon

Si vous commencez à tousser et que vous vous sentez fébrile et la gorge douloureuse, faites vite ce sirop.

Pour cette recette, vous utiliserez :
— 100 g d'oignon (ou 2 très gros oignons) hachés menus au mixeur ;
— 5 cuillères à soupe de miel de pin ou de thym ;
— 1 dl de lait.

Vous faites bouillir l'oignon dans la quantité d'eau nécessaire pour le recouvrir d'1 centimètre. Ensuite, vous ajoutez le lait et vous continuez la cuisson à feu très doux pendant encore 10 minutes en remuant constamment avec une cuillère en bois.

Vous buvez 1/2 verre de ce sirop toutes les heures.

Si vous n'aimez pas le goût (que l'on ne sent pas !)

de l'oignon, vous pouvez le remplacer par 100 g de navet haché, mais vous perdrez certaines des qualités inestimables propres à l'oignon.

20. Indigestion

Lorsque vous souffrez d'indigestion, il faudrait, bien sûr, vous faire la morale, vous expliquer que vous mangez trop, trop vite, que vous ne respectez pas les combinaisons alimentaires nécessaires et indispensables à tout régime sain et bien équilibré, etc.

Hélas ! il est trop tard et d'ailleurs vous n'avez pas vraiment la tête aux remontrances ! Vous avez déjà bien du mal à la tenir droite sans l'alourdir davantage de propos ennuyeux ! Il vous faut agir et vite !

Avez-vous encore le courage de vous préparer la petite salade suivante ? Faites un effort, il s'agit d'un remède infaillible !

Traitement express

Salade digestive

— 1/4 de chou rouge ;
— 300 g d'oignon (rouge et doux de préférence) ;
— Huile d'olive ;
— Citron ;
— Huile essentielle de basilic.

Coupez le chou rouge en lanières et les oignons en fines rondelles.

Préparez une sauce avec :
— 2 cuillères à soupe d'huile d'olive ;
— 1 jus de citron ;
— 5 gouttes d'huile essentielle de basilic.

Mélangez le tout et, si vous avez la patience, attendez 2 heures avant de la consommer.

Si vous êtes pressé d'aller vous coucher, vous pouvez la manger telle quelle, mais l'effet est moins rapide.

Vous pouvez également, en prévision d'un bon repas, la préparer à l'avance. La salade de chou rouge supporte une macération de plusieurs heures, qui ne peut que renforcer son efficacité.

Surtout *mâchez bien*, il n'est pas nécessaire de répéter les erreurs qui vous ont mis dans ce triste état !

Résultat garanti, mais je vous conseille de dormir seul, votre haleine pouvant être « endommagée ».

Sucre digestif

Cette petite recette apparemment simple est d'une réelle efficacité.

Elle est parfaitement compatible avec la précédente. Si vous utilisez les deux, il vous faudra prendre le sucre après la salade.

Achetez en pharmacie :
— 1 flacon d'huile essentielle de basilic ;
— 1 flacon d'huile essentielle de mélisse ;
— 1 flacon d'huile essentielle de verveine.

Après votre trop copieux dîner, prenez 1 sucre avec 2 gouttes (pas plus) de chacune des huiles essentielles.

Pour plus de commodité, vous pouvez demander à votre pharmacien un mélange de ces trois huiles essentielles à parts égales dans un flacon de 15 ml.

Vous prendrez alors 6 gouttes du mélange sur votre sucre.

Si votre indigestion est due à une contrariété, il vous faudra remplacer l'huile essentielle de mélisse par de l'huile essentielle de néroli (il s'agit de la fleur d'oranger). Non seulement votre estomac se « dénouera », mais vous dormirez beaucoup mieux. (Achetez-en très peu, car l'huile essentielle de néroli est une des plus chères.)

Traitement de fond

Lorsqu'il s'agit d'indigestions à répétition, il faut mettre sur pied un traitement de fond pour stimuler toutes vos fonctions digestives défaillantes.

Je vous en ai construit un qui comprend une tisane à boire à midi après le repas et une eau-de-vie médicinale à boire tous les soirs. Mais n'oubliez pas qu'aucun traitement ne vous aidera si vous mangez trop, buvez trop et si votre régime est mal équilibré. Ayez toujours présent à l'esprit cinq règles souples :

— sortir de table sans être tout à fait rassasié ;

— ne pas manger entre les repas ;

— ne jamais manger de la viande plus d'une fois par jour (la charcuterie est de la viande !) ;

— le repas du soir doit être léger.

Surtout, achetez-vous un livre de diététique sur les combinaisons alimentaires, certains aliments ne doivent absolument pas être consommés en même temps. (*Les Combinaisons alimentaires et votre santé* par Herbert Shelton. Éditions de la Nouvelle Hygiène — Le Courrier du livre : 21, rue de Seine, Paris 6e.)

Tisane digestive

Faites préparer en pharmacie le mélange suivant :
— Véronique (feuilles et fleurs) 40 g ;
— Mélisse (feuilles) 20 g ;
— Tilleul (fleurs) 20 g ;
— Millepertuis (fleurs) 20 g ;
— Souci (fleurs) 25 g ;
— Verveine officinale (feuilles) 25 g ;
— Gentiane (racine) 15 g ;
— Angélique (racine) 15 g ;
— Aunée (racine) 15 g.

Comptez 1 cuillère à soupe pour 1 grande tasse d'eau.

Portez à ébullition sans laisser bouillir.

Éteignez le feu et laissez infuser 10 minutes.

Filtrez. Buvez chaud.

Cette tisane donne d'excellents résultats en cas de crise d'indigestion mais son grand intérêt est de stimuler et de réchauffer tous vos organes d'assimilation. Je vous conseille, si vous souffrez de digestions lentes, d'en faire des cures d'un mois 3 ou 4 fois par an.

Eau-de-vie médicinale

Choisissez dans le commerce *une excellente eau-de-vie de framboise.*

Pour une bouteille de 75 cl, ajoutez :
— Absinthe (feuilles) 5 g ;
— Angélique (racine) 5 g ;
— Aunée (racine) 5 g ;
— Genièvre (baies) 5 g ;
— Romarin (sommités fleuries) 5 g.

Laissez reposer à l'ombre pendant 10 jours en prenant soin de remuer la bouteille une fois par jour.

Buvez tous les soirs 1 verre à liqueur après le repas.

Il s'agit d'une authentique macération médicamenteuse. Les homéopathes utilisent pour leurs traitements des teintures-mères qui sont des macérations alcooliques de plantes fraîches dont l'efficacité n'est plus mise en doute. C'est ce que vous réaliserez avec cette préparation, à la différence près que vous userez de plantes séchées.

Si vous avez des talents d'herboriste, je vous conseille de cueillir les plantes fraîches, les résultats n'en seront que meilleurs. Dans ce cas, il vous faudra augmenter les doses de moitié.

21. Insomnies

Insomnie passagère

Si, habituellement, vous dormez plutôt bien et que, depuis une nuit ou deux, vous sentez le sommeil vous échapper, si vous vous retournez dans votre lit, les jambes énervées et l'esprit préoccupé sans trouver le calme que vous êtes en droit d'attendre après une journée de fatigue et de soucis, il faut agir vite pour que l'insomnie ne devienne pas une habitude.

Voici trois recettes de choc :

Le carré de soie violette

Il n'y a pas d'explication à son action. Pourtant, bien des patients l'ont adopté et crient au miracle.

Prenez un carré de soie violette de 21 cm sur 21 cm. Il faut choisir un beau violet foncé, peu importe qu'il soit ourlé ou non.

Placez-le sous votre oreiller... et endormez-vous.

Trop simple ? Fantaisiste ? Ne rejoignez pas le clan des gens stériles qui refusent l'inexpliqué. Essayez.

Suc de laitue

Plus efficace que bien des somnifères chimiques, le *suc de laitue* possède des pouvoirs sédatifs et même *hypnotiques*.

Choisissez une belle laitue, lavez-la soigneusement, ôtez les feuilles, sans jeter le « trognon ».

Au contraire, coupez-le en menus morceaux et passez le *tout au mixeur*.

Recueillez le jus et buvez-le 1 heure avant de vous mettre au lit. Je recommande cette solution particulièrement à tous ceux qui souffrent de rhumatismes et aux enfants qui toussent volontiers la nuit.

Massage chinois

Il vous faudra 10 minutes, de votre temps précieux, pour vous préparer au sommeil. Mais, si vous le faites, vous vous apercevrez que les Chinois avaient des connaissances réellement fantastiques.

Achetez en pharmacie les huiles essentielles suivantes :
— Huile essentielle de camomille ;
— Huile essentielle de lavande.
Mélangez les deux flacons.

Avec 3 gouttes du mélange, massez-vous les points

suivants en tournant dans le sens contraire des aiguilles d'une montre :

— le dessous du gros orteil, à l'endroit du pli de flexion de l'articulation ;

— le Chenn-mo, que vous trouverez facilement devant la malléole externe, à l'endroit où la cheville fait une petite dépression. Ce point sera douloureux en cas d'insomnie.

(La malléole est l'os saillant qui marque l'emplacement de la cheville.)

Il vous faut 5 minutes par pied environ. C'est un des meilleurs moyens pour vous préparer au sommeil. Et il n'est pas interdit de vous faire masser par quelqu'un.

Insomnie chronique

Si votre insomnie est plus ancienne, il faut envisager un traitement plus en profondeur et plus long que celui qui précède et surtout réaliser que l'insomnie a deux grandes causes :

● *Le stress,* bien souvent d'origine nerveuse, dû aux agressions psychiques quotidiennes. Je vous recommande alors de faire réaliser chez un praticien compétent quelques séances de *sympathicothérapie* afin de rééquilibrer votre système nerveux. (Reportez-vous pages 25 à 27 pour savoir ce qu'est la sympathicothérapie.)

● *L'intoxication alimentaire*
Les Occidentaux mangent trop, beaucoup trop. Il y

a un moment où votre organisme ne peut plus suivre, ne peut plus assimiler. Il s'engorge.

Mettez-le donc au repos, offrez-lui des vacances en pratiquant une petite cure de désintoxication. Un exemple :

— en automne, pendant 7 jours, mangez *exclusivement* du raisin, à satiété, en ne buvant que de l'eau. Vous serez étonné de dormir comme un bébé.

Pour parfaire le résultat, offrez-vous, le soir, une tasse de somnifère naturel :

Tisane contre l'insomnie

- Millefeuille 30 g ;
- Coques d'amandes 30 g ;
- Nénuphar 30 g ;
- Aspérule odorante 30 g ;
- Cônes de houblon 30 g ;
- Fleurs d'oranger 30 g ;
- Racine de violette 20 g ;
- Origan 15 g ;
- Verveine 15 g.

Comptez 1 cuillère à soupe pour 1 grand bol d'eau bouillante. Laissez infuser 10 minutes.

Buvez chaud en sucrant, si nécessaire, avec 1 cuillère à café de *miel de lavande.*

Cette tisane est remarquable dans tous les cas d'insomnie. Vous pouvez la boire régulièrement toute l'année.

Bain aux huiles essentielles

Les huiles essentielles de plantes, même et surtout si vous les utilisez en bain, sont de véritables médicaments. Elles pénètrent à travers la peau et se diffusent dans l'organisme. Elles vous soignent en profondeur.

Faites préparer en pharmacie le mélange suivant :
— Huile essentielle de lavande 10 ml ;
— Huile essentielle de bigaradier 10 ml ;
— Labrafil Codex 20 ml ;
— Huile de pépins de raisin 60 ml.

Le soir, avant de vous coucher, prenez un grand bain très chaud auquel vous ajouterez 2 cuillères à soupe du mélange.

Faites suivre, obligatoirement, ce bain par une rapide douche froide des mollets (durée : 30 secondes). Couchez-vous vite... le sommeil vous guette !

22. Intoxication alimentaire

Après les fêtes de fin d'année, ou tout simplement après quelques réunions bien arrosées entre amis, après tous les excès auxquels vous vous êtes livré, votre organisme crie à l'aide. Vous lui avez imposé des heures supplémentaires sans compensation, ce qui n'est pas la mode actuellement. Il faut vite l'aider, lui permettre de se désintoxiquer, de s'alléger.

Vous pensez que la médecine naturelle est compliquée, difficile à préparer, voire onéreuse ?

Voyez plutôt mes recettes. Il vous suffit d'ouvrir la porte de votre réfrigérateur, d'y prendre quelques reliefs de vos festivités et, en 5 minutes, votre remède est prêt.

Cocktail jus de fruits

Prenez :
— 1 orange pelée ;

- 1/2 citron pelé ;
- 1 pomme non pelée ;
- 1 poire non pelée.

Passez ces fruits à la centrifugeuse.

Ajoutez 1 cuillère à café de levure de bière que vous trouverez en maison de régime. Vous mélangez bien et vous buvez frais pendant 1 semaine.

Très simple. Trop simple ?

En fait, si vous regardez de près les formules des composants de ces différents jus de fruits, vous vous apercevez qu'elles sont infiniment plus complexes que celles de n'importe lequel de vos médicaments chimiques.

Ces fruits sont dépuratifs, désintoxicants, stimulants du foie, de la vésicule biliaire, diurétiques et laxatifs.

Leurs jus mélangés et leur action renforcée par la levure de bière constituent une véritable cure de désintoxication, la plus efficace que je connaisse.

Prenez ce jus le matin à jeun ou vers onze heures comme coupe-faim et si, pendant votre semaine de cure, vous supprimez de votre alimentation alcool, pain, féculents, graisses et... chocolat, vous aurez bien vite réparé les dommages.

Bouillon de légumes

De goût moins agréable mais d'action plus rapide que les jus de fruits, ce bouillon de légumes constitue une véritable panacée pour qui a abusé des nourritures terrestres.

Pris au petit matin, à jeun, il vous permettra d'affronter la journée l'œil frais, le foie et les intestins dégagés.

Prenez 1 artichaut (pas trop gros).

Mettez-le dans l'eau froide et portez à ébullition.

Dès que l'eau bout, vous la jetez.

Vous ajoutez alors *5 gousses d'ail* dans la casserole où vous avez fait cuire l'artichaut et vous recouvrez à nouveau d'eau froide.

Vous boirez 1 bol de ce bouillon tiède, le matin à jeun.

Ne renouvelez pas ce remède plus de 4 jours de suite, il serait irritant pour votre vésicule.

23. Jambes lourdes, fatiguées

Si vous avez habituellement les jambes lourdes et fatiguées, il est nécessaire, bien sûr, de consulter un praticien pour en découvrir les causes : troubles circulatoires, état de stress et surtout, la cause la plus fréquente, les blocages de vertèbres lombaires. Combien voyons-nous de malades souffrant de varices, quelquefois prêts à l'opération, en pensant que ce *stripping* reste la seule solution, alors que quelques déblocages vertébraux suffiraient à libérer leur circulation veineuse !

La visite chez votre praticien ne doit pas pour autant vous empêcher de vous soulager au plus vite. Pour certains métiers où la station debout prolongée est quotidienne, mes recettes resteront la meilleure solution.

Traitement express

Huile défatigante

Cette huile est à préparer à l'avance mais, une fois prête, elle se conserve indéfiniment, si bien qu'il vous suffit de quelques minutes par an pour l'avoir sous la main tous les soirs :

— 1 l d'*huile d'olive vierge* pressée à froid ;
— 3 cuillères à soupe de sommités fleuries de romarin ;
— 3 cuillères à soupe de sommités fleuries de thym ;
— trois cuillères à soupe de sommités fleuries de millepertuis ;
— 1/2 écorce de citron ;
— 1/2 écorce d'orange.

Mélangez les plantes avec les écorces dans un bocal d'1 litre à large goulot.

Ajoutez la quantité d'huile d'olive nécessaire pour remplir le bocal.

Pressez les plantes contre les parois du bocal avec le dos d'une cuillère à soupe pour faire sortir les sucs.

Laissez macérer au moins 10 jours. Filtrez. Conservez bien bouché.

Utilisée tous les soirs en massages, cette huile stimulera votre circulation et défatiguera vos jambes.

Rappelez-vous que vous devez toujours masser du pied vers le haut de la cuisse et que la position la plus facile consiste à vous mettre sur le dos si vous devez vous masser vous-même.

Si vous ne pouvez pas vous procurer de fleurs fraîches, utilisez des plantes séchées en provenance de l'herboristerie. Votre huile devra alors macérer au moins 15 jours. Si vous êtes pressé, vous pouvez rac-

courcir le temps de macération de dix jours en faisant
chauffer votre mélange d'huile et plantes pendant
2 heures au bain-marie, à feu très doux.

Enfin, si vous avez la peau sèche et une tendance
aux petites varicosités, je vous conseille de l'adopter
comme huile corporelle pour tout le corps, matin et
soir.

Votre peau sera souple, douce et plus jamais
sèche.

Compresse relaxante

A préparer d'avance et à utiliser dans les cas graves,
cette eau-de-vie médicinale donne ses meilleurs résultats lorsque les jambes sont rouges, chaudes, douloureuses et enflées.

C'est le meilleur traitement d'urgence :
— 1/2 l d'eau-de-vie (de pomme de préférence) ;
— 10 noix de cyprès ;
— 1 poignée de baies de genièvre ;
— 1 écorce de citron.

Coupez les noix de cyprès en quatre.

Concassez au pilon les baies de genièvre.

Mélangez avec l'écorce de citron et ajoutez
1/2 litre d'eau-de-vie.

Laissez macérer 10 jours à l'ombre. Filtrez.

Ajoutez 10 ml d'huile essentielle de menthe.

Agitez le flacon.

En cas de douleurs des mollets ou des chevilles,
imprégnez un linge de coton avec cette macération
alcoolique et placez la compresse directement sur la
zone douloureuse.

Gardez-la 30 minutes au moins et restez en position
allongée, les jambes surélevées par un coussin. Renouvelez plusieurs jours de suite si nécessaire.

Il est préférable d'utiliser des plantes fraîches. Vous

trouverez facilement les noix de cyprès dans la campagne ou dans les jardins publics.

Si vous n'avez pas de genévrier près de chez vous, votre pharmacien vous procurera des baies séchées.

Vous pouvez garder cette préparation indéfiniment, bien bouchée, dans votre pharmacie et, un jour ou l'autre, vous serez content de l'y trouver !

Vous pouvez l'utiliser également sur les ulcères variqueux dont elle hâtera la cicatrisation mais, dans ce cas, vous imprégnerez des compresses de l'eau-de-vie coupée de deux fois son volume d'eau et vous renouvellerez l'application tous les jours jusqu'à amélioration.

Traitement de fond

Il est évident que la cause des douleurs au niveau des jambes est due, le plus souvent, à une mauvaise circulation, encore faut-il trouver la cause de cette perturbation. Ce n'est pas parce que vous n'en avez pas trouvé l'origine qu'il vous faut rester les bras croisés à vous désoler !

Il faut un moyen naturel — pour ne pas risquer les effets secondaires souvent nocifs de certains médicaments — d'améliorer votre circulation.

Ces deux recettes constituent un traitement de fond que vous pouvez suivre régulièrement.

L'expérience m'a prouvé que vous obtiendrez de meilleurs résultats en les utilisant 15 jours par mois en période de lune croissante et en vous reposant pendant la lune décroissante (reportez-vous pages 21 à 23 pour savoir comment identifier les différentes phases lunaires).

Tisane stimulante de la circulation

Faites préparer en pharmacie :
— Cyprès (feuilles) 30 g ;
— Vigne rouge (feuilles) 30 g ;
— Noyer (feuilles) 30 g ;
— Tilleul (feuilles) 20 g ;
— Aubépine (feuilles) 20 g ;
— Gui (feuilles) 20 g ;
— Armoise (feuilles) 20 g ;
— Pervenche (feuilles) 20 g.

Prenez 4 cuillères à soupe du mélange. Versez dessus 1 litre d'eau froide. Portez à ébullition pendant 30 secondes.

Laissez infuser 10 minutes. Filtrez.

Buvez-en 3 fois dans la journée loin des repas.

Il s'agit d'une véritable tisane de santé que tous ceux ou celles dont la circulation est défaillante peuvent utiliser avec succès quelle que soit la manifestation du trouble : jambes lourdes, varices, varicosités.

D'une façon générale, nous devrions tous en faire une cure au début de l'été, après le printemps, car c'est l'époque de l'année où notre circulation subit le plus de perturbations.

Bain aux huiles essentielles

Si la tisane représente un moyen de stimuler votre circulation, il y a des occasions où un traitement de choc est indispensable.

Le meilleur choix : le bain aux huiles essentielles.

Non seulement il activera votre circulation artérielle, tonifiera vos veines, mais il stimulera votre circulation des capillaires. Savez-vous qu'un tiers seulement de votre sang se trouve dans les veines et les artères ? Que les deux tiers, c'est-à-dire la plus grande partie de votre sang, et de loin, se trouvent dans vos petits capillaires, sous votre peau ? Si vous ne trouvez pas un moyen de stimuler votre circulation intracapillaire, tout traitement sera illusoire.

Or, à mon avis, le seul moyen réellement efficace est le bain chaud aux huiles essentielles. Vous réaliserez ainsi, à domicile, une véritable cure de phytobalnéothérapie au moins aussi profitable que les cures dans les stations thermales.

Faites préparer par votre pharmacien le mélange suivant :
— Huile essentielle de cyprès 10 ml ;
— Huile essentielle de romarin 5 ml ;
— Huile essentielle de citron 5 ml ;
— Huile de noyau hydrogénée 30 ml ;
— Huile de pépins de raisin Codex 50 ml.

Comptez 3 cuillères à soupe pour un grand bain chaud. La température variera de 36 à 40°. Le bain doit être chaud mais vous ne devez jamais vous y sentir mal à l'aise. Le réglage de la température est à ajuster selon votre propre sensibilité.

Attention : comme toujours, ce bain chaud de 10 minutes sera suivi d'une douche froide des jambes entières.

Après, vous avez le droit et le devoir de vous reposer 1 heure au chaud, jambes surélevées.

24. Migraines

La migraine ! Maladie terrible parce que réputée inguérissable.

Combien voyons-nous en consultation de ces malades qui traînent des migraines atroces depuis dix, vingt, trente ans sans qu'aucun traitement ait jamais pu les soulager.

Notre étonnement est toujours très grand car, pour nous, praticiens naturopathes, il existe une méthode de soins miracle, la sympathicothérapie, qui permet de stopper les migraines,. dans tous les cas et très rapidement. Nous ne comprenons pas pourquoi le corps médical ne s'y intéresse pas plus.

Cela dit, vous n'aurez pas forcément un sympathicothérapeute pour mettre fin définitivement à ces douleurs. Il faut donc connaître les recettes qui, en cas de crises migraineuses, vont permettre de vous soulager rapidement sans vous intoxiquer.

Herbes à priser

Demandez à votre pharmacien ou herboriste de vous préparer le mélange de plantes séchées suivant :
— Feuilles d'asaret 20 g ;
— Feuilles de basilic 20 g ;
— Rhizome d'iris de Florence 10 g.

Demandez-lui également de pulvériser ces plantes très finement. Au cas où il ne pourrait pas le faire, il vous suffira, en arrivant à la maison, de les passer longuement dans un moulin à café de façon à les réduire en une poudre la plus fine possible.

En cas de crise, inspirez 1 très petite pincée de plantes, par chaque narine, comme le faisaient nos grands-pères lorsqu'ils prisaient le tabac.

Vous risquez d'éternuer longtemps, dans certains cas de saigner du nez. Si cela vous arrive, ne rejetez pas la tête en arrière, au contraire mouchez-vous. Vous serez alors très soulagé car décongestionné.

Mini-massage

Dès que vous soupçonnez l'approche sournoise d'une crise migraineuse, si vous n'avez pas sur vous votre tabatière d'herbes à priser, il vous reste une solution efficace et discrète.

Pincez-vous les deux oreilles, au niveau de l'attache de celles-ci avec le crâne, à la partie inférieure. Vous remarquerez que d'un côté vous avez un point douloureux.

Massez ce point pendant quelques minutes en insistant jusqu'à ce que la crise s'estompe. Vous obtiendrez de meilleurs résultats si vous pouvez effectuer ce massage avec une goutte de ce mélange (en pharmacie) :

— Huile essentielle de basilic 5 ml ;
— Huile essentielle de menthe 5 ml.

Si votre migraine est tout à fait occasionnelle, les secrets que je vous ai déjà donnés seront amplement suffisants pour la faire disparaître.

Mais si ces douleurs sont chroniques et fréquentes, il faut envisager un traitement de fond, qui agira sur le système nerveux, sur le foie et sur votre circulation.

Vous obtiendrez cette triple action en suivant conjointement les deux conseils que je vous indique. Cependant, savez-vous que les migraines peuvent être provoquées par un kyste dentaire ignoré et n'occasionnant pas de douleur au niveau des dents ? Si vous êtes sujet à cette maladie, il est donc indispensable de faire pratiquer des radios dentaires.

Tisane anti-migraine

Faites préparer en pharmacie le mélange suivant :
— Romarin (feuilles) 30 g ;
— Genièvre (baies) 20 g ;
— Chiendent (racine) 20 g ;
— Bourdaine (écorce) 20 g ;
— Pissenlit (racine) 20 g ;
— Houblon (cônes) 15 g ;
— Tilleul (fleurs) 20 g ;
— Armoise (feuilles) 20 g.

Il vous faut prendre 4 cuillères à soupe de cette préparation. Jetez dessus 1 litre d'eau froide. Chauffez jusqu'à ébullition mais sans laisser bouillir. Couvrez le récipient. Laissez infuser 10 bonnes minutes et filtrez.

Buvez tiède :
— 1 tasse le matin à jeun ;
— 1 tasse le soir au coucher.

Vous pouvez sucrer avec un peu de *miel de lavande*, mais pas de sucre.

Douche rééquilibrante

Le matin au lever et le soir au coucher, prenez l'habitude de pratiquer la douche suivante :
— eau chaude puis très chaude sur le pied droit lorsque la peau devient rouge :
— remontez derrière la jambe jusqu'à la fesse ;
— descendez devant la cuisse jusqu'au pied.

Vous faites ce mouvement alternativement jusqu'à ce que toute votre jambe soit uniformément rouge.

Vous passez ensuite à la jambe gauche à laquelle vous faites subir le même traitement.

Lorsque les deux jambes sont rouges, vous passez brutalement à l'eau froide en commençant par les pieds et en remontant jusqu'en haut des cuisses pendant 1 minute.

En stimulant la circulation et en agissant sur les zones réflexes des mollets et des pieds, cette hydrothérapie quotidienne peut, à elle seule, faire disparaître des migraines tenaces.

25. Nausées - Mal de cœur

Recettes express

Quand on a mal au cœur, que ce soit en voiture, en train, en bateau ou en avion, on s'en souvient toujours au dernier moment.

Il n'est plus temps d'entreprendre un traitement de longue haleine pour en soigner les causes. Il faut agir très, très vite pour ne pas gâcher son voyage ou ses vacances.

Pour les deux recettes que je vous indique, il suffira de vous arrêter trente secondes dans une pharmacie. Si vous êtes vraiment pris de court, la première recette vous permettra même de stopper les nausées, sans ingrédient.

Massage calmant

Si vous souffrez de nausées, il vous suffit de masser un point précis pour les faire disparaître.

Ce massage discret, si discret que personne ne s'en apercevra, est à effectuer de manière très précise.

Il vous faut, tout d'abord, trouver le point que les Chinois appellent *trae-iuann*. Il se trouve à la base de chaque pouce, à la jonction du pouce et de l'avant-bras, à l'endroit où se prend le pouls.

Si vous êtes nauséeux, ce point sera douloureux, donc très facile à trouver.

Vous le masserez, en tournant dans le sens contraire des aiguilles d'une montre avec 3 gouttes d'huile essentielle de fenouil.

Ce massage est à effectuer sur les deux pouces, en commençant à droite pour les droitiers et à gauche pour les gauchers.

Il est à noter, si vous n'avez pas d'huile essentielle de fenouil, que le massage seul est également efficace, mais moins.

Sucre aux huiles essentielles

Autre méthode pour enrayer très vite le « mal au cœur » : le sucre aux huiles essentielles de plantes médicinales.

Pour cette solution, il faut être un peu prévoyant et vous préparer le mélange suivant :
— Huile essentielle de citron ;
— Huile essentielle de marjolaine ;
— Huile essentielle de bergamote.

Vous achetez 1 petit flacon de chaque huile (15 ml) et vous les mélangez à parts égales dans un seul flacon.

Dès que vous vous sentez perturbé, vous vous préparez un sucre avec 4 gouttes du mélange et vous le laissez fondre dans la bouche.

Non seulement vos nausées disparaîtront, mais vous vous sentirez également calme et détendu.

Traitement de fond

Si vous souffrez fréquemment de nausées, voire de vomissements en voiture, il est, bien sûr, agréable d'avoir sous la main un remède pour les enrayer au plus vite, mais il serait, tout de même, plus logique d'essayer de vous en guérir *à vie*.

D'une manière générale, les personnes souffrant de nausées présentent :
— une mauvaise digestion ;
— un foie capricieux ;
— un déséquilibre nerveux.

Pour remédier à ces trois désagréments, d'un seul coup, je vous conseille de faire des *cures de 2 mois*, 3 fois par an, du mélange des plantes suivantes :

Tisane dépurative-digestive-calmante

— Artichaut (feuilles) 30 g ;
— Fumeterre (plante fleurie) 30 g ;
— Marjolaine (sommités fleuries) 30 g ;
— Verveine officinale (sommités fleuries) 30 g ;
— Tilleul (inflorescence) 30 g ;
— Bigaradier (boutons floraux) 30 g.

Comptez 2 cuillères à soupe de cette préparation pour 1/2 litre d'eau. Portez à ébullition. *Surtout ne laissez pas bouillir*. Dès que l'eau frémit, éteignez le feu. Couvrez et laissez infuser 10 minutes.

Buvez cette tisane en 2 fois :
— à midi après le repas ;
— le soir après le repas ou au coucher.

Vous vous apercevrez bien vite que votre digestion s'améliore, que votre foie vous laisse digérer tranquillement et que vos nausées disparaissent.

Si vous voulez être certain de ne pas avoir à souffrir du mal de la route en partant en vacances, je vous suggère de boire *pendant 15 jours avant de partir*, une tisane ainsi composée :
— Basilic (sommités) 20 g ;
— Menthe poivrée (sommités) 20 g ;
— Angélique (racine) 25 g ;
— Églantier (boutons de fleurs) 30 g.

Comptez 2 cuillères à soupe du mélange pour 1 grande tasse d'eau bouillante. Laissez infuser 7 à 10 minutes et buvez chaud avant de vous coucher.

Cette solution est peut-être un peu fastidieuse, mais si vous l'adoptez, vous vous sentirez tellement détendu en partant en vacances que vous ne le regretterez pas.

26. Nervosité

Pour beaucoup, la nervosité est un état permanent. Les stress de la vie moderne sont tels qu'il devient de plus en plus difficile d'y échapper.

La merveilleuse thérapie pour court-circuiter l'état de stress est, sans nul doute, la *sympathicothérapie*, qui consiste en attouchements de la muqueuse nasale et vous permet d'être calme et détendu en trois ou quatre séances.

(Reportez-vous pages 25 à 27 pour en savoir plus sur cette méthode.)

Mais aucune médecine ne pourra jamais faire disparaître les causes de votre nervosité. Il serait alors plus sage de vous détendre quotidiennement grâce à des soins naturels que vous pourrez pratiquer toute l'année sans craindre des effets secondaires nocifs.

Tisane sédative

Pour toujours rester calme et détendu, je vous suggère de boire, matin et soir, une tisane de l'infusion suivante :
- Fleurs d'aubépine 30 g ;
- Fleurs de nénuphar 30 g ;
- Cônes de houblon 20 g ;
- Millefeuille 30 g ;
- Racine de violette 15 g ;
- Sommités d'origan 10 g ;
- Menthe poivrée 10 g.

Comptez 2 cuillères à café de ce mélange pour 1 tasse d'eau bouillante. Ne laissez pas bouillir mais faites infuser 10 minutes. Filtrez et buvez chaud, dans le courant de la matinée et environ 1 heure avant de vous coucher. Vous pouvez utiliser cette tisane également dans la journée ; n'ayez pas peur d'être somnolent, cette tisane n'est pas un somnifère mais un calmant du système nerveux. Elle vous permettra de passer des journées et des nuits plus sereines.

Miel aux huiles essentielles

Si vous êtes tellement stressé, tendu, nerveux qu'il vous paraît impossible de consacrer dix minutes, deux fois par jour, pour vous préparer une tisane, il faut alors utiliser les grands moyens et choisir les huiles essentielles de plantes.

Toujours naturelles mais beaucoup plus concentrées en produits actifs, les huiles essentielles ont en plus l'avantage d'être très simples d'emploi.

Jugez-en.

Achetez :
— 1 flacon d'huile essentielle de marjolaine ;
— 1 flacon d'huile essentielle de lavande ;
— Miel de lavande.
Prenez le matin après déjeuner et le soir au coucher :
— 1 cuillère à café de miel de lavande ;
— ajoutez 2 gouttes de chacune de ces deux huiles essentielles et mélangez bien.

Laissez fondre le miel doucement dans votre bouche avant d'avaler. L'absorption « perlinguale » ainsi réalisée transporte plus rapidement les principes actifs des huiles essentielles.

Je vous conseille de prendre les huiles essentielles 2 semaines au plus et ensuite de passer à la tisane. Vous verrez qu'après ce traitement de choc vous vous sentirez en pleine forme.

Jus de cresson

Le jus de cresson, tout comme le suc de laitue, est un merveilleux rééquilibrant du système nerveux. Pour vous préparer une journée calme et détendue, et faire en même temps une bonne cure de vitamines, je vous conseille de boire, le matin à jeun, 1 verre de jus de cresson frais.

Choisissez 1 botte de cresson bien fraîche, d'un beau vert tendre. Bannissez résolument les bottes de cresson qui contiennent des feuilles jaunies, elles ont déjà perdu la moitié de leurs principes actifs.

Épluchez les tiges en ôtant les feuilles abîmées et les bouts fibreux.

Lavez-les soigneusement en changeant *3 fois l'eau.* Le cresson mal lavé peut en effet contenir un parasite très néfaste pour l'homme : la *douve* du foie.

Passez au mixeur en ajoutant 1/2 verre d'eau et buvez le matin à jeun.

Il n'y a aucun inconvénient à associer au jus de cresson la tisane sédative que vous prenez habituellement dans la matinée.

Bain de pieds à la mélisse et à la marjolaine

Le soir, avant de vous coucher, préparez une infusion concentrée de mélisse et de marjolaine.

Il vous faudra :
— 50 g de feuilles de mélisse ;
— 50 g de sommités fleuries de marjolaine ;
— 3 l d'eau bouillante.

Jetez les plantes dans l'eau bouillante. Couvrez et laissez infuser 15 minutes. Ajoutez dans une bassine la quantité d'eau chaude nécessaire pour pouvoir prendre un bain de pieds très chaud (40° à 42°).

Ce bain doit durer 15 minutes et être, si possible, suivi d'une douche froide des mollets très rapide.

Si vous avez une mauvaise circulation veineuse, vous ne prendrez pas le bain de pieds à 40° ou 42° mais à 38° ; la douche froide des pieds et des mollets sera alors obligatoire et un peu plus prolongée qu'indiqué plus haut.

27. Obésité - Graisse - Cellulite

Aucune recette ne pourra vous faire perdre définitivement vos kilos superflus si vous ne décidez pas d'adopter des règles de vie saine : alimentation bien équilibrée, un minimum de sport et la suppression de l'alcool.

Malgré tout, il existe des remèdes efficaces qui vous aideront à maigrir, mais souvenez-vous qu'il est indispensable d'avoir recours à quelques sacrifices.

Tisane anti-graisse

Voici une recette de tisane qui vous aidera à éliminer. Elle est plus particulièrement destinée à faire démarrer le processus de « drainage » de vos toxines :

— Feuilles de cassis 30 g ;
— Reine-des-prés 30 g ;
— Queues de cerise 30 g ;
— Bruyère 30 g ;
— Prêle 30 g ;
— Aubier de tilleul 30 g.

Comptez 4 cuillères à soupe du mélange pour 1 litre d'eau froide. Faites chauffer doucement jusqu'à ébullition. Ne laissez pas bouillir mais infusez 15 minutes. Filtrez.

Buvez le litre dans la journée en 3 fois, de préférence le matin à jeun, à onze heures et à dix-sept heures.

Vous prendrez cette tisane pendant 2 semaines sans interruption.

Huile amincissante

Faites préparer cette huile en pharmacie.

Appliquez-la sous forme de massages, matin et soir, pendant la cure de tisane.

Cette huile est un complément très intéressant et aide beaucoup à dissoudre les graisses :

— Huile essentielle de sauge 2 ml ;
— Huile essentielle de thym 2 ml ;

— Huile essentielle de genièvre 5 ml ;
— Huile essentielle de romarin 5 ml ;
— Huile essentielle de citron 5 ml ;
— Huile de pépins de raisin Codex 125 ml ;
— Huile de noyau hydrogénée 25 ml.

Lors de l'application de l'huile sur les jambes et les cuisses, massez de bas en haut en malaxant doucement.

Je vous recommande de faire suivre cette application d'une douche froide.

Attention !

Ne vous exposez pas au soleil après l'application de cette huile, les essences de plantes pouvant, par une action photosensibilisante au soleil, provoquer des taches de pigmentation difficiles à faire disparaître. Appliquez l'huile amincissante après votre douche du soir et vous ne craindrez rien.

Les recettes précédentes concernent le début du processus d'amincissement. Lorsque vous les aurez suivies pendant 15 jours d'affilée, il sera temps de passer à d'autres conseils. Le traitement demande beaucoup de persévérance mais, si vous le suivez scrupuleusement, vous serez récompensé de votre patience.

Cataplasme chou-lierre grimpant-persil

Mixez, à parts égales :
— des feuilles de chou vert fraîches ;
— des feuilles de lierre grimpant (vous le trouverez dans les squares ou peut-être en avez-vous sur les murs de votre maison). Si vous ne trouvez pas de lierre grimpant frais, vous pouvez acheter des feuilles séchées en herboristerie, mais l'efficacité sera moindre ;
— du persil frais.

Vous comptez environ 1 grosse poignée de chaque plante mixée pour un cataplasme.

Ajoutez au mélange 1 poignée de son de blé (en maison de régime ou chez votre boulanger).

Préparez une décoction de feuilles de romarin de la façon suivante :

— comptez 2 cuillères à soupe de romarin pour 1/2 litre d'eau froide. Laissez bouillir très doucement pendant 10 minutes. Il n'est pas nécessaire de filtrer.

Mélangez donc les plantes mixées avec la décoction de romarin jusqu'à obtenir une pâte épaisse.

Étalez cette pâte sur du papier aluminium. Recouvrez d'une gaze fine et appliquez le cataplasme sur la peau côté gaze.

Conservez le cataplasme pendant 1/2 heure. Faites-le suivre immédiatement d'une douche froide.

Ce cataplasme, outre son efficacité sur les infiltrations cellulitiques, présente la particularité d'être également anti-inflammatoire. Il convient, de ce fait, aux cellulites douloureuses, qu'il calme.

Tisane équilibrante

Voici maintenant une tisane rééquilibrante du système endocrinien, stimulante de la circulation et du foie, légèrement laxative et diurétique.

Elle vous aidera à conserver les résultats obtenus grâce à vos efforts précédents :

— Noyer 30 g ;
— Frêne 30 g ;
— Romarin 30 g ;
— Sauge 30 g ;
— Prêle 30 g ;
— Artichaut 30 g ;
— Aubier de tilleul 30 g ;

— Marrube blanc 30 g ;
— Vigne rouge 30 g.

Comptez 4 cuillères à soupe pour 1 litre d'eau. Chauffez jusqu'à ébullition. Ne laissez pas bouillir, mais infuser 15 minutes. Filtrez.

Buvez 3 bols par jour à raison de 2 semaines par mois (je vous recommande de choisir la période de lune décroissante).

La cellulite affecte plus d'une femme sur deux et même les plus minces peuvent en avoir.

Elle résulte, le plus souvent, d'un mauvais fonctionnement de nos mécanismes d'assimilation et d'élimination ou d'une mauvaise régulation endocrinienne, associée à une circulation déficiente.

Aucun traitement externe ne suffira, seul, pour éliminer toute votre cellulite, mais vous pouvez, toutefois, agir efficacement sur les cellulites très localisées du haut des cuisses ou du ventre en appliquant l'un ou l'autre des cataplasmes qui suivent.

Cataplasme de fromage blanc

Prenez du fromage blanc, non écrémé, non pasteurisé (de préférence).

Étalez-le sur un linge de coton sur environ 2 cm d'épaisseur.

Appliquez le fromage à même la peau et conservez en place 1/2 heure environ.

Cette recette très efficace est, à mon avis, injustement oubliée. Elle était très utilisée en Allemagne où tous les adeptes du « Kneippisme » (l'abbé Kneipp, père de l'hydrothérapie moderne, nous a laissé de nombreuses formules de traitements naturels) l'utilisaient au siècle dernier.

Ce cataplasme est indiqué en cas de cellulite douloureuse et inflammée. Il assouplit les tissus et les désinfiltre.

Les résultats sont beaucoup plus intéressants que ceux obtenus par ionisation ou toute autre méthode électrique.

Je ne parle pas des multi-piqûres qui, pour un résultat tout à fait passager, provoquent des catastrophes qui, elles, sont durables.

Soyez persévérant sur l'application de ces cataplasmes et vous pourrez noter des résultats visibles en une quinzaine de jours.

Cataplasme algues-plantes-son

Ce cataplasme que j'ai mis au point à partir de recettes anciennes est efficace dans tous les cas de cellulite. Les résultats sont durables et rapides. La formule est maintenant utilisée dans nos centres de soins mais vous pouvez parfaitement l'appliquer vous-même à partir de produits achetés en pharmacie.

Il vous faut :

— des algues : un mélange à parts égales de laminaires et de fucus vésiculeux en poudre ;

— du son de blé ;

— un mélange de quatre plantes pulvérisées : bouleau, bouillon blanc, matricaire, lierre.

Les algues apportent à votre organisme de nombreux oligo-éléments. Elles ont une action rééquilibrante sur le système endocrinien. Elles désinfiltrent les tissus en profondeur et agissent aussi sur les douleurs rhumatismales.

Le son de blé est émollient. Il adoucit la peau et désinflamme l'épiderme.

Le mélange des quatre plantes est diurétique, sudorifique. Il favorise l'élimination de l'eau et des graisses.

Les proportions sont de :
— 4 cuillères à soupe d'algues en poudre ;
— 2 cuillères à soupe de son de blé ;
— 1 cuillère à soupe du mélange des quatre plantes.

Elles sont à augmenter en fonction de l'étendue des zones à traiter.

Pour préparer le cataplasme, il suffit d'ajouter la quantité d'eau chaude nécessaire pour obtenir une pâte épaisse.

Vous l'étalez sur un papier aluminium et vous appliquez le mélange à même la peau.

Le papier d'aluminium permet de conserver la chaleur plus longtemps et d'augmenter l'action sudorifique.

Un petit truc pour plus de facilité : recouvrez le mélange d'une gaze fine avant de l'appliquer sur la peau. L'opération en sera facilitée. Pour faire tenir la gaze, il suffit de rouler les bords du papier d'aluminium.

Enfin, un secret personnel pour en multiplier l'efficacité :

Ajoutez 10 gouttes d'huile essentielle de *romarin* que vous répartirez à la surface du cataplasme avant de l'appliquer.

Vous activerez la circulation locale. Les tissus étant mieux vascularisés, vous éliminerez les toxines beaucoup plus vite.

Si vous associez à ces cataplasmes une des cures amincissantes internes que nous vous indiquons plus loin ainsi qu'un régime léger, vous renforcerez les résultats obtenus.

Ces deux recettes ne sont pas exclusivement réservées aux femmes. Elles seront utiles aussi aux messieurs pour les aider à retrouver un ventre plat.

28. Oreilles (douleurs, dureté d')

Parmi tous les maux d'oreilles qui peuvent vous accabler, il en est un qu'il faut savoir soigner d'urgence : la douleur.

En effet, quelle que soit la maladie qui couve derrière cette « otalgie », il n'est rien de plus urgent que de l'arrêter. Ce qui ne vous empêchera pas, bien sûr, de consulter un spécialiste pour en découvrir l'origine. Cette précaution n'est pas absolument nécessaire lorsque la douleur d'oreille est provoquée par une cause passagère et que vous connaissez : coup de froid, bain d'eau trop froide ou polluée, coup sur l'oreille.

Dans ces cas, si la douleur disparaît rapidement grâce à mes conseils, inutile de courir consulter. Vous vous serez prouvé, comme bien souvent, qu'il n'y a meilleur médecin que soi-même et... la nature !

Huile de lys

Il vous faut :
— 100 g de pétales de lys *frais* ;
— 1/4 de l d'huile d'olive vierge pressée à froid.

Le temps de préparation de cette huile est assez long mais son action exceptionnellement bienfaisante vous récompensera de vos efforts.

Laissez macérer les pétales de lys dans l'huile d'olive pendant 15 jours.

Passé ce délai, faites chauffer la macération au bain-marie pendant 3 heures (en laissant les pétales de lys dans l'huile).

Otez les pétales en filtrant soigneusement l'huile, conservez en flacon bien bouché.

En cas de douleurs d'oreille, imprégnez un petit coton d'huile de lys. Placez ce coton dans votre oreille douloureuse le soir en vous couchant. Vous pouvez replacer un petit coton neuf (imbibé d'huile) le matin, si nécessaire.

Un conseil : lorsque vous allez à la neige, si vos oreilles sont sensibles, placez-y un petit coton d'huile de lys tous les jours et vous n'aurez plus jamais de douleurs.

Olive-persil-citron

Autre recette, plus rapide, si vous n'avez pas eu la précaution de préparer votre huile de lys :

— passez à la centrifugeuse un petit bouquet de persil ;

— recueillez le jus et ajoutez 1 cuillère à café de jus de citron ;

— trempez un petit coton dans de *l'huile d'olive vierge*. Appuyez bien dessus pour l'essorer ;

— trempez de nouveau le coton dans le *jus de persil et citron* ;

— placez-le dans votre oreille jusqu'à cessation de la douleur en le changeant matin et soir.

Il faut très peu de jus de persil pour imprégner vos petits cotons. En général, un bouquet sera suffisant pour faire disparaître vos douleurs. Vous conserverez le jus au réfrigérateur en recouvrant d'un film plastique.

Dureté d'oreilles

En dehors des maux d'oreilles aisément soulagés par des recettes naturelles, il est des maux d'oreilles que les plantes peuvent améliorer et bien souvent nous n'y pensons pas, notamment dans la « dureté d'oreilles ». Il ne s'agit pas de soigner des surdités profondes, quand le nerf auditif est atteint mais, dans certains débuts de surdité, les recettes que je vous conseille valent la peine d'être essayées car elles peuvent donner des résultats inespérés.

Jus de chou et citron

— Pressez le jus d'1/2 citron. Versez-le dans un récipient.

— Pressez une quantité égale de jus de chou que vous obtiendrez en passant des feuilles de *chou vert* à la centrifugeuse.

Tous les soirs, en vous couchant :

— placez 2 gouttes du mélange jus de citron-jus de chou dans *chaque oreille* (bouchez l'oreille avec un coton pour que le jus ne sorte pas) ;

— le matin, lavez l'oreille avec une petite poire contenant de l'eau de source. Il est nécessaire d'avoir une pression suffisante dans l'oreille pour bien la nettoyer.

Ne conservez pas votre mélange de jus au-delà de deux jours au réfrigérateur.

Décoction de cumin

— Achetez des *graines de cumin* chez votre pharmacien ;

— pesez très exactement 4 g de graines ;

— mettez-les dans 1 verre d'eau et faites bouillir 10 minutes, puis infuser 5 minutes. Filtrez soigneusement cette décoction.

● *Tous les matins*

— Aspirez l'eau obtenue avec une petite poire en caoutchouc (que vous trouverez en pharmacie) ;

— placez l'embout dans l'oreille et appuyez doucement mais fermement de façon à obtenir une pression suffisante. L'eau s'écoulera d'elle-même.

Si les deux oreilles sont atteintes, doublez les proportions d'eau et de graines.

Conseil : utilisez les deux recettes ensemble :
— le soir, le coton imbibé d'huile ;
— le matin, le lavage à la décoction de cumin.

29. Rhumatismes

En médecine naturelle, les rhumatismes sont des manifestations de mauvaise élimination : les toxines mal éliminées s'accumulent dans l'organisme avec une prédilection pour les articulations et la colonne vertébrale.

Pour traiter efficacement les rhumatismes, le bon sens conseille d'aider l'organisme à se débarrasser de ses toxines superflues en favorisant un bon drainage. Un traitement de fond est indispensable. Mais, pour l'instant, il faut vous soulager, et les deux recettes ci-après vous y aideront :

Cataplasme algues-argile-son

Vous préparerez ce cataplasme avec :
— 2 cuillères à soupe de mélange d'algues (varech vésiculeux et laminaires pulvérisées) ;
— 2 cuillères à soupe d'argile verte en poudre ;
— 2 cuillères à soupe de son de blé ;
— 1/2 verre d'huile d'olive dans lequel vous ajouterez :
— 25 gouttes d'huile essentielle de romarin ;

— 25 gouttes d'huile essentielle de pin.

D'abord, vous mélangerez les algues, l'argile et le son dans un saladier.

Puis, vous ajouterez de l'eau très chaude (non bouillante) et vous mélangerez doucement avec une cuillère en bois jusqu'à obtenir une pâte épaisse (de la consistance d'une bouillie).

Après avoir additionné l'huile d'olive des 25 gouttes d'huile essentielle de pin et des 25 gouttes d'huile essentielle de romarin, vous la verserez dans le mélange algues-argile-son en prenant soin de bien remuer.

Lorsque la pâte obtenue sera bien homogène (sans grumeaux), vous l'étalerez sur une feuille de papier aluminium (découpée suivant la taille de la partie du corps à recouvrir).

Vous l'appliquerez ensuite sur la région douloureuse et la conserverez 1/2 heure.

Les proportions indiquées peuvent diminuer ou augmenter en fonction de la surface à traiter.

Ce cataplasme est un peu compliqué mais remarquablement efficace car, non seulement il soulage, mais également il traite.

Cataplasme de fleurs de bruyère

Cette recette est plus simple mais moins complète que la précédente :

— remplissez un petit sac de coton avec des fleurs de bruyère séchées et mettez-le au four moyen pendant environ 15 minutes ;

— au bout de ces 15 minutes, vous retirez le sac du four et vous l'appliquez le plus chaud possible sur l'articulation douloureuse. Vous le maintiendrez bien serré avec une bande de laine ou de flanelle jusqu'à refroidissement complet.

Si vous en avez la possibilité, cueillez vous-même la bruyère en fleurs à l'automne, un soir de pleine lune.

30. Sports d'hiver

Que faire avant ?

Nous sommes en pleine période de sports d'hiver. Peut-être allez-vous partir et, comme tous les ans, vous allez vous apercevoir, la veille de votre départ, que vous n'avez pas eu le temps de vous y préparer. Il faudrait, bien sûr, vous entraîner en gymnastique. Vous le savez !

Mais avez-vous pensé qu'il est tout aussi important de stimuler votre circulation pour éviter la fatigue musculaire et résister au froid ?

Cocktail dynamisant

Le matin au lever, buvez un jus de légumes ainsi composé :
— 1 grosse carotte ;
— 1/2 botte de cresson ;
— 1 tomate ;
— 1 branche de persil ;
— 1/2 citron.

Coupez la carotte en petites rondelles. Laissez la peau.

Lavez soigneusement le cresson.

Laissez la peau du citron.

Passez tous ces ingrédients crus à la centrifugeuse (indispensable !).

Buvez frais le matin.

Ce mélange vous apportera des vitamines pour stimuler votre circulation et augmenter vos forces.

Pourquoi ce mélange spécialement ?

Regardez ce qu'il contient :

Vitamines :

A : permet de bronzer plus vite avec moins de coups de soleil. Elle fortifie la vue et la rend moins sensible au soleil.

B : indispensable pour améliorer la circulation.

C : dynamise votre organisme et accroît votre résistance.

PP : évite le dessèchement de la peau.

Oligo-éléments :

Cuivre : vous évitera grippe et coups de froid.

Calcium-magnésium : vos muscles seront moins fatigables.

Soufre : accroît la résistance de la peau.

Potassium : c'est l'antidote de la fatigue. Indispensable pour vous préparer à l'effort.

Vous pouvez remplacer, dans le mélange, le cresson par deux feuilles de chou, mais il contient moins de vitamine PP.

Friction aux huiles essentielles

Préparez le mélange suivant :
— 1/2 l d'huile de pépins de raisin ;
— 15 ml d'huile essentielle de romarin ;
— 15 ml d'huile essentielle de sarriette.

Il vous suffit de verser les huiles essentielles dans

l'huile de pépins de raisin et de bien agiter la bouteille.

Respectez surtout très scrupuleusement les doses d'huiles essentielles car vous pourriez vous irriter la peau en en mettant davantage.

Massez-vous les jambes de bas en haut tous les matins pendant 5 minutes.

Prenez bien soin de secouer vigoureusement le flacon avant chaque utilisation.

A suivre pendant 3 semaines avant le départ à la neige afin de stimuler fortement votre circulation. Secouez vigoureusement le flacon avant chaque utilisation.

Si vous n'avez pas eu la prévoyance de commencer suffisamment tôt, emmenez votre flacon avec vous aux sports d'hiver et servez-vous-en également pour vous frictionner après le ski, c'est un mélange qui vous sera précieux pour récupérer un bon tonus musculaire.

Que faire pendant ?

Deux problèmes se posent à vous pendant les sports d'hiver : défatiguer vos jambes et éviter les coups de soleil.

Pour que vos muscles des jambes ne soient pas trop vite fatigués, il faut en stimuler fortement la circulation tous les jours afin de chasser les toxines.

Quant aux coups de soleil, redoutables à la neige, une seule manière d'y remédier : réacidifier votre peau. Vous allez voir comment, grâce au cataplasme au yaourt.

Bain de pieds stimulant

Faites préparer en pharmacie le mélange suivant :
— Huile essentielle de citron 5 ml ;
— Huile essentielle de romarin 15 ml ;
— Huile de noyau hydrogénée 30 ml ;
— Huile de pépins de raisin 50 ml.

Comptez 1 bonne cuillère à soupe du mélange pour 1 bassine d'eau chaude.

Prenez un bain de pieds très chaud pendant 10 minutes le soir, en rentrant du ski.

Cette préparation est extrêmement concentrée en principes actifs. Vous serez étonné de sentir vos jambes légères et défatiguées.

Ce bain quotidien vous permettra également d'accroître votre résistance à la fatigue.

Vous pouvez aussi faire un bain complet en comptant alors 2 cuillères à soupe au lieu d'une.

Cataplasme anti-soleil au yaourt

Un coup de soleil est une brûlure. Chimiquement parlant, votre peau devient plus « basique ». Il faut la réacidifier.

Le meilleur moyen, le plus simple et le plus efficace ?

Mélangez :
— 1 yaourt,
— 1 blanc d'œuf,
avec une cuillère ou, mieux, un fouet.

Appliquez directement sur la peau et laissez sécher pendant 1/2 heure.

Nettoyez avec de l'eau de rose.

Vous pouvez repartir au soleil. Soyez tout de même prudent et appliquez une crème haute protection.

31. Toux

Suivant ou accompagnant les rhumes et les coups de froid, la toux est une de leurs manifestations les plus difficiles à supporter tant par l'irritation locale qu'elle provoque que par l'état nerveux dans lequel elle nous met.

Les deux recettes que je vous donne font partie de la médecine populaire classique.

Sirop de carotte

Prenez 1 grosse carotte bien fraîche.

Creusez-la, percez-la avec une aiguille à tricoter dans le sens de la longueur.

Remplissez de sucre roux cristallisé.

Suspendez-la au-dessus d'un bol en l'entourant d'une ficelle dans sa partie supérieure.

Recueillez le sirop qui coule et buvez-le à raison d'1 cuillère à café toutes les heures.

Vous pouvez aussi simplement disposer dans une assiette des couches alternées de rondelles de carotte et de sucre cristallisé. En très peu de temps, vous obtiendrez un jus abondant mais moins concentré que par la première méthode.

La carotte contient beaucoup de vitamine A qui joue un rôle très important pour la peau et les tissus, surtout en période d'hiver.

Elle combat la fatigue, l'anémie, le retard de croissance, et vos écoliers auront tout à gagner d'une cure de sirop de carotte faite tout l'hiver à raison de 2 cuillères à soupe par jour.

La carotte favorise également la rénovation du sang

et la pénétration des ultraviolets qui servent à filtrer la vitamine D, vitamine antirachitisme et anti-spasmophilie par excellence.

Jus de cresson

Ce jus possède une action antitussive et calmante. Vous le ferez ainsi :
— passez 1/2 botte de cresson bien lavé (au moins trois fois) au mixeur. Recueillez le jus ;
— mélangez à 1/2 verre de jus de cresson, 1/2 verre de lait froid.

Buvez le matin à jeun et dans la journée avant le repas de midi.

Faites cette cure plusieurs jours de suite.

Le cresson contient beaucoup de calcium (211 mg pour 100 g). C'est un bon rééquilibrant nerveux en cas de spasmophilie et de rhumatismes.

Sa teneur en fer en fait un adjuvant très intéressant dans les traitements de la fatigue et de l'anémie.

C'est donc le légume indispensable pour tous les gens nerveux, spasmophiles et fatigués.

32. Varices

Si vous avez des varices, l'origine en est bien souvent héréditaire ou due à une mauvaise circulation générale. Dans ce cas, il est, bien sûr, nécessaire de consulter un praticien pour soigner la cause, mais vous ferez, de toute façon, avec profit, le traitement de fond que je vous ai indiqué pour les jambes lourdes et fatiguées : tisane stimulant la circulation et bains aux huiles essentielles (pages 95 à 100).

Mais une autre cause possible de la formation de varices pourrait être une constipation chronique. C'est une découverte relativement récente qu'une constipation chronique, en comprimant les veines profondes de l'abdomen, d'une manière constante, empêche la circulation de retour de bien s'effectuer et bloque le sang veineux dans les jambes, d'où possibilité de varices sur un sujet héréditairement prédisposé.

Si tel est votre cas, associez aux deux recettes que je vous donne ici, et qui ne sont que des traitements externes destinés à vous soulager, le traitement anti-constipation indiqué dans ce livre.

Cataplasme lierre et chou

Il vous faudra :
— 2 poignées de lierre grimpant ;
— 3 feuilles de chou vert ;
— 1 gros oignon ;
— 3 poignées de son de blé.

Hachez finement tous ces ingrédients au mixeur. Recueillez bien le jus. Ajoutez les 3 poignées de son de blé et de l'eau chaude pour obtenir une pâte facile à étaler.

Appliquez cette pâte tiède sur la partie malade et maintenez en place avec une bande de gaze. Conservez 20 minutes et rincez à l'eau tiède. Vous pouvez ensuite passer l'huile défatigante et astringente dont je vous ai donné la formule pour les jambes lourdes.

Compresses de vinaigrette

Cette formule, très intéressante car vous pouvez la faire avec les moyens du bord, ne vous demandera que très peu de temps pour la préparer.

Il vous faut :
— 2 tasses de vinaigre de cidre ;
— 2 verres d'eau ;
— 1 litre d'huile d'olive.

Battez énergiquement tous ces ingrédients pour bien les mélanger.

Trempez des linges de coton dedans et appliquez-les à peine essorés.

Conservez 20 à 30 minutes. Vous sentirez vos douleurs se calmer et l'inflammation de vos jambes se réduire.

Ces deux traitements sont à renouveler plusieurs jours de suite, surtout en cas de grosse chaleur.

Par ailleurs, ils sont tout à fait indiqués (de manière préventive) pour les femmes enceintes qui ont déjà des veines apparentes et gonflées et qui redoutent de les voir se transformer en varices. Le traitement de fond pour la circulation, déjà conseillé, s'imposera alors.

33. Vins médicinaux

Parmi les nombreux vins médicinaux de la pharmacopée populaire française, certains demandent des préparations assez longues avec des temps de macération pouvant aller jusqu'à quinze jours. C'est l'une des raisons pour lesquelles ces médications sont tombées en désuétude.

Jadis, chacun fabriquait son vin de noix, vin de

cassis, de genièvre ou de coing. Leurs propriétés étaient connues et utilisées avec sagesse. Tout le monde, dans nos campagnes, savait choisir les plantes à macérer pour lutter contre les faiblesses de l'estomac, la gravelle, les « pâles couleurs » et bien d'autres affections qui, maintenant, portent des noms si savants qu'il nous semble impossible d'oser les braver sans un diplôme de docte médecin.

Le résultat est que nous sommes patraques d'un bout de l'année à l'autre et que nous sautons d'un médicament à l'autre.

Sachons nous écouter pour mieux nous porter. Nous serons toujours notre meilleur médecin avec l'aide de la nature.

Il est temps de remettre ces préparations à l'honneur car, outre leur irréfutable efficacité, certaines sont très rapidement préparées et avec peu de moyens :

Vin fébrifuge stimulant

— 1 l de vin rouge doux ;
— 15 g d'écorce de saule ;
— 5 g d'écorce de frêne ;
— 5 g d'écorce de chêne.

Faites chauffer le vin doucement. Aux premiers bouillons, jetez le mélange des trois écorces. Éteignez le feu, couvrez et laissez macérer toute la nuit. Filtrez.

En cas de *forte température,* ce vin est à boire à raison d'*1 verre apéritif toutes les 2 heures.*

En cas d'angine, vous devez vous gargariser avec ce vin 3 fois par jour.

Si vous vous sentez faible et anémié, 1 verre apéritif avant les deux principaux repas vous remettra en forme rapidement et vous ouvrira l'appétit.

Vin anti-douleur

- 500 g d'oignons ;
- 150 g de miel de thym ;
- 1 l de vin blanc doux.

Hachez finement les oignons.

Mélangez-les avec les 150 g de miel de thym.

Ajoutez le vin blanc en délayant peu à peu avec une cuillère en bois.

Laissez macérer 2 jours.

Filtrez et conservez dans un flacon de verre bien bouché.

Ce vin effacera rapidement vos courbatures, qu'elles soient dues au froid, à l'effort ou aux rhumatismes.

Vous pouvez également l'utiliser en compresses contre les lumbagos et toutes douleurs articulaires. Dans ce cas, le vin peut être tiède, s'il s'agit d'une douleur ancienne, ou utilisé froid si l'articulation est rouge et gonflée. La compresse sera maintenue en place 2 heures.

Contrairement à ce que vous pourriez croire au premier abord, ce vin est d'un goût délicieux ; seule la préparation vous demandera quelques heures.

Vin stimulant la digestion

Faites préparer en pharmacie le mélange suivant :
- Absinthe (sommités fleuries) 35 g ;
- Gentiane (racine) 5 g ;
- Petite centaurée (sommités fleuries) 5 g.

Mettez à macérer le tout dans 1 litre de bon vin blanc doux de culture biologique pendant 5 jours en prenant soin de remuer de temps à autre.

Vous pouvez en boire 1 verre apéritif après les deux principaux repas.

Ce vin médicinal stimule la digestion, combat l'atonie digestive, l'aérophagie, la fatigue générale, favorise le travail du foie. Il est également indiqué en cas de verminose intestinale chez les adultes.

Les jeunes femmes souffrant de troubles de la menstruation (insuffisance, douleurs) pourront en faire des cures de 10 jours avant leurs règles.

J'ajouterai, en ce qui me concerne, avoir remarqué son action bienfaisante chez les grands nerveux ayant des difficultés à respirer à fond et se plaignant de spasmes au niveau du plexus solaire.

Attention : ne buvez pas ce vin en permanence mais seulement par cures de 3 semaines, suivies d'un arrêt du même temps ; vous pourriez, sinon, aggraver vos troubles au lieu de les améliorer.

Vin anti-cholestérol

Si votre régime trop riche en sucre, en graisses, en alcool vous conduit à souffrir d'un taux anormalement élevé de cholestérol, il faut réagir vite.

Tout d'abord en faisant du sport, en apprenant à respirer et en changeant votre régime. Si vous ne respectez pas ces trois conseils, tout traitement sera illusoire. Méfiez-vous de ces produits chimiques anti-cholestérol. Ils perturbent votre métabolisme, vous rendent fatigables. Ils ne sont que des emplâtres sur une jambe de bois.

Prenez-vous en charge et réagissez.

Voici un conseil qui vous aidera :

— achetez des poireaux bien gros et bien blancs ;

— coupez-en les radicelles et lavez-les soigneusement ;

— mettez-en 30 g à macérer pendant 10 jours dans 1 litre de vin blanc doux ;

— remuez la bouteille de temps en temps ;

— filtrez.

Buvez à raison d'1/2 verre apéritif avant le repas de midi et le repas du soir.

J'ai déjà donné cette recette dans le cadre de la cure anti-cholestérol dont vous trouverez le détail en page 50.

Je donne de nouveau cette recette dans le cadre des vins médicinaux car elle est réellement d'une très grande efficacité.

34. Yeux (mal aux)

Irritation occasionnelle

Si vos yeux sont fragiles, qu'ils rougissent ou qu'ils gonflent facilement après un effort d'attention, il vous faut trouver des remèdes naturels sûrs et faciles à préparer.

Pourquoi naturels ? Parce que tout produit chimique est agressif quel qu'il soit et que vos yeux constituent un bien trop précieux pour prendre le moindre risque.

Cataplasme de mie de pain

Voici une de mes recettes fétiches dont j'ai testé l'efficacité depuis de nombreuses années.

Elle soulagera les yeux fatigués par une longue route, par une grande veille, des révisions d'examen, etc., mais soulagera tout aussi rapidement une conjonctivite rebelle.

Prenez :

— de la mie de pain complet ;
— du lait tiède (la quantité de lait nécessaire est difficile à préciser, cela dépend de la nature de votre pain) ;
— 1 jaune d'œuf.

Mélangez les trois ingrédients jusqu'à obtenir une pâte épaisse légèrement humide. Appliquez tiède sur les yeux. Conservez 20 minutes. Ne rincez pas.

En cas de conjonctivite récalcitrante, renouvelez l'application toutes les deux heures.

Cataplasme de pomme de terre

Pour certaines personnes, la fatigue oculaire ne se manifeste pas par une rougeur de l'œil et des paupières mais par un gonflement, voire par des poches sous les yeux... Dans ce cas, je vous conseille de préférer cette recette :

— râpez 1 pomme de terre crue, très finement ;
— appliquez immédiatement largement sur les yeux ainsi que sur tout le pourtour ;
— laissez en place 15 minutes.

Ce cataplasme fait disparaître rapidement les poches sous les yeux, mais n'oubliez pas que, si elles récidivent, il peut s'agir d'un mauvais fonctionnement des reins et qu'il vous faut consulter un praticien.

Irritation fréquente

Lorsque vos paupières irritées, vos yeux rouges, votre conjonctivite ne sont que des maux occasionnels, il faut agir vite et utiliser une des recettes de choc, d'action rapide, qui précèdent.

En revanche, si la moindre lecture trop prolongée, la plus courte conduite automobile de nuit vous laisse les yeux larmoyants et rouges, il faut alors envisager un traitement d'action plus long et plus durable.

Gouttes aux plantes

A utiliser régulièrement à raison de *5 gouttes le soir au coucher* dans chaque œil, cette décoction calme les rougeurs et fortifie la vue d'une manière durable :
— Euphraise (plante entière) 1 cuillère à soupe ;
— Rose rouge 2 boutons.
Pour 1 tasse d'eau de Volvic bouillante, laissez infuser 15 minutes. Filtrez. Laissez refroidir.
Conservez au réfrigérateur 4 jours maximum.
Respectez scrupuleusement les proportions et le temps de préparation.
Ne faites pas bouillir les plantes.
Pour préparer ces gouttes, il vous suffira d'acheter chez votre pharmacien ou votre herboriste un petit paquet d'euphraise et de *boutons de rose*. L'œil étant très délicat, il vous faut des plantes de qualité irréprochable.

Compresses aux trois fleurs

Si vos yeux rougissent facilement à la fatigue, astreignez-vous à pratiquer cette compresse tous les soirs pendant 3 semaines, arrêtez-vous 1 semaine, reprenez 3 semaines.
Vous serez étonné de constater combien votre vue devient moins rapidement fatigable, mais également vous vous apercevrez que vous dormez infiniment mieux.
— Fleurs de mauve 30 g ;
— Fleurs de camomille 30 g ;
— Fleurs de bleuet 30 g.

Comptez 1 cuillère à soupe pour 1 tasse (1/6 de litre) d'eau bouillante ; surtout ne faites pas bouillir, mais laissez infuser 10 minutes.

Filtrez.

Appliquez en compresses tièdes *sur les yeux ouverts* 20 minutes environ.

Pour une meilleure mise au repos de vos yeux, vous pouvez appliquer ces compresses sous les masques spéciaux qui sont vendus pour protéger les yeux de la lumière.

5

Les plantes
de votre santé

Le titre est beau, la réalité l'est moins.

Il nous faut absolument lire le livre de M. Maurice Mességué, *Ces plantes qu'on assassine*, pour comprendre à quel point la pollution menace nos plantes médicinales et les dangers qui s'ensuivent pour notre santé.

Je vous rappelle brièvement quelques faits.

— Les agriculteurs utilisent de plus en plus de pesticides et d'insecticides. Ces produits chimiques néfastes, vous les retrouvez dans vos plantes médicinales séchées.

— Bien pis ! Certains agents chimiques, réputés inoffensifs *à froid*, se transforment, sous l'effet de la chaleur (l'eau chaude de votre tisane), en produits nocifs, capables de déterminer des tumeurs.

Cette découverte a été possible grâce aux chercheurs travaillant pour M. Maurice Mességué.

— Peut-être plus grave encore ! Depuis peu, certaines plantes sont irradiées aux rayons gamma (le cobalt) pour les stériliser, c'est-à-dire éviter les proliférations microbiennes. Cette opération est légale dans la plupart des pays. Elle commence à être autorisée en France. Les scientifiques nous affirment que cette irradiation est sans risque pour l'organisme. Or nous n'avons pas suffisamment de recul pour l'affirmer de façon aussi péremptoire. Souvenons-nous des médicaments mis sur le marché avec toutes les autorisations légales et qui causèrent tant de dégâts (talc Morange, Thalidomide, etc.).

Ce que nous pouvons constater, jusqu'à présent, c'est qu'*une graine de plante irradiée au cobalt ne germe plus*. La vie de la graine est morte. Ses propriétés chimiques restent les mêmes, ce qui fait dire aux scientifiques cartésiens que rien n'est changé.

Or nous, amis de la nature, affirmons qu'une plante soumise au cobalt est une plante dont on a tué le corps éthérique, ce corps subtil de vibrations qui fait que la plante vit, même séchée.

Ne vous laissez pas abuser lorsqu'on vous affirme que l'irradiation aux rayons gamma est faite pour votre bien, pour vous offrir des plantes plus saines. Cette opération n'a qu'un but : pouvoir conserver les plantes plus longtemps et accroître la rentabilité.

Il vous faut trouver des plantes exemptes, le plus possible, de produits chimiques et non irradiées.

Le meilleur moyen, M. Maurice Mességué le répète depuis longtemps, est de cueillir vous-même vos plantes.

Si vous n'avez pas le temps, adressez-vous à des détaillants sérieux qui peuvent vous fournir des certificats d'analyses de leurs plantes.

N'hésitez pas à les relancer, il y va de votre santé.

La péremption des plantes

Il faut savoir que les plantes séchées ne se gardent pas éternellement. Elles doivent être renouvelées chaque année sous peine de perdre leurs propriétés.

Jetez sans hésiter les plantes conservées depuis plus longtemps dans vos fonds de tiroir. Elles peuvent colorer votre tisane mais n'auront guère de propriétés curatives (sauf cas exceptionnel comme l'écorce de bourdaine qui doit, au contraire, être de l'année passée pour être efficace !).

Refusez aussi ces plantes qui tombent en poussière au fond de leur sachet. Il y a de fortes chances pour qu'elles soient trop vieilles. L'idéal serait de faire figurer la date limite de consommation sur le paquet.

Nous y pensons.

Plantes en vente libre

La disparition du diplôme d'herboriste, en raréfiant les herboristeries encore en fonctionnement, ne vous facilite pas les choses lorsque vous voulez vous faire préparer une tisane, et les pharmaciens disposant d'un rayon de plantes ne sont pas toujours à côté de votre porte.

Heureusement, il nous reste les plantes en vente libre. Le gouvernement a fixé à trente-quatre le nombre de plantes médicinales pouvant être vendues librement, mais il y a fort heureusement d'autres plantes, à usage « condimentaire » (origan, carvi, céleri, etc.) qui possèdent des propriétés médicinales puissantes. Ceci nous permet de disposer, pour notre santé, de quelque *soixante-sept plantes bénéfiques*, ce

Les 67 PLANTES en vente libre : PROPRIÉTÉS	Auber de tilleul	Anis	Artichaut	Bardane	Basilic	Bigaradier	Bouillon blanc	Bouleau	Bourrache	Bruyère	Camomille romaine	Carvi	Cassis	Céleri	Cerfeuil	Chiendent	Citron	Citronnelle	Cynorrhodon	Eucalyptus	Fenouil	Fraisier	Frêne	Fucus	Genièvre	Gentiane
Aérophagie		●			●	●					●	●			●						●				●	●
Asthme							●		●													●				
Bronchite chronique		●		●			●		●							●		●		●			●			
Bronchite aigue · Toux		●		●			●		●											●						
Circulation artères														●												
Circulation veines			●				●										●	●								●
Constipation		●	●						●	●											●	●	●			
Crampes musculaires								●	●		●				●	●							●			
Cystite				●	●					●																
Diabète														●						●					●	
Diarrhées		●				●				●						●	●									
Dermatose			●	●			●	●								●		●				●	●	●	●	
Dépuratif sang				●				●	●				●			●							●			●
Digestion lente		●	●		●	●		●			●	●		●		●	●	●	●	●		●			●	●
Enurésie																										●
Fatigue · hypertension				●										●	●		●	●				●	●		●	●
Fièvre			●	●		●	●	●	●	●	●				●		●	●		●			●			
Gastralgie			●		●						●						●	●		●					●	●
Hépatisme			●		●	●				●		●	●	●		●		●	●	●	●	●	●			●
Hypertension	●		●		●									●									●			
Mal de gorge							●		●							●	●									
Ménopause													●													
Migraines	●		●		●			●			●		●				●									
Nervosité · Insomnie	●	●			●	●					●	●					●	●		●						●
Obésité	●			●												●	●						●	●	●	
Oedème-cellulite	●	●		●	●		●	●	●	●			●	●	●	●	●	●				●	●	●	●	●
Palpitations						●													●							
Pellicules																										
Pertes blanches				●						●												●				
Perte cheveux																										
Prostate																										
Règles douloureuses		●			●						●	●									●				●	
Reins · Calculs · Albuminurie	●		●	●	●			●	●	●						●		●	●		●		●			
Rhumatismes	●		●	●	●			●	●	●			●		●	●	●	●		●		●	●	●	●	●
Transpiration							●											●								
Verminoses							●					●	●				●			●	●	●				●

Lierre terrestre	Lin - Graines	Maïs	Marjolaine	Mauve	Mélisse	Menthe douce	Menthe poivrée	Ményanthe	Millefeuille	Olivier	Oranger	Origan	Ortie piquante	Pariétaire	Pensée sauvage	Pin (bourgeons)	Pissenlit	Prêle	Queues de cerise	Réglisse	Reine des Prés	Romarin	Ronces	Rose	Sariette	Sauge	Serpolet	Sureau	Thym	Tilleul	Verveine	Vigne rouge	Violette
				●	●	●				●	●	●								●		●			●	●	●		●				
			●								●							●							●	●	●		●				
●			●							●	●					●	●			●					●	●	●		●				●
●					●					●	●					●										●		●					●
							●										●			●		●											
	●		●	●		●								●		●		●	●			●		●	●						●	●	
												●	●		●		●	●						●	●			●					●
							●	●			●		●		●				●	●	●			●								
●						●		●					●		●				●		●		●									
●			●		●	●			●			●			●		●			●		●		●	●			●	●				
		●		●	●	●	●			●		●		●	●		●	●	●	●		●	●	●	●	●	●	●	●	●		●	
●	●		●	●		●								●		●			●	●	●	●	●		●			●		●	●		●
			●	●	●	●	●		●			●	●		●				●	●		●		●	●			●		●	●		●
								●							●											●	●						
	●		●		●		●																		●				●				
	●			●		●		●										●		●		●			●		●			●	●		
●	●				●		●	●	●		●	●							●	●	●		●		●			●	●		●		●
	●			●			●		●		●		●			●		●		●	●		●		●	●		●	●		●	●	
●		●			●			●	●				●			●	●		●	●	●		●	●	●			●					●
						●	●				●	●									●	●	●			●							●
																●						●				●	●	●	●				
●			●			●			●			●				●			●		●				●			●	●		●	●	
	●	●		●					●		●	●	●		●	●	●	●		●	●						●			●	●		
						●													●			●			●				●				

qui est amplement suffisant pour rester en bonne forme.

Encore faut-il savoir les utiliser !

Pour vous aider, j'ai mis au point un répertoire de 113 formules qui vous permettront de faire face à l'ensemble de vos problèmes quotidiens.

Il est bien évident que si une affection aiguë se déclare, il vous faut consulter votre praticien. En revanche, dans bien des cas, l'utilisation des plantes appropriées, tant par voie interne qu'externe, suffira à juguler le mal. C'est pour vous guider que j'ai rédigé ce livre.

Pour trouver la tisane adaptée à votre cas, consultez la liste des préparations et choisissez le problème général que vous voulez traiter. Ensuite, affinez en fonction des indications secondaires de chaque formule de manière à bien individualiser votre cas.

Le tableau récapitulatif des propriétés des soixante-sept plantes en vente libre (pages 140-141) vous aidera également. Vous serez rapidement en mesure d'établir sans danger des formules personnelles de tisane pour vous et votre famille. Si cela vous angoisse, utilisez les miennes qui m'ont toujours donné satisfaction.

Voici les soixante-sept plantes en question :

AUBIER DE TILLEUL	(bois)	MAÏS	(stigmates)
ANIS	(graines)	MARJOLAINE	(feuilles)
ARTICHAUT	(feuilles)	MAUVE	(fleurs)
		MÉLISSE	(feuilles)
BARDANE	(racine et feuilles)	MENTHE DOUCE	(plante entière)
BASILIC	(feuilles)	MENTHE POIVRÉE	(feuilles)
BIGARADIER	(feuilles)	MENYANTHE	(feuilles)
BOUILLON BLANC	(fleurs)	MILLEFEUILLE	(plante entière)
BOULEAU	(feuilles)		
BOURRACHE	(plante entière)	OLIVIER	(feuilles)
BRUYÈRE	(fleurs)	ORANGER	(pétales)
		ORIGAN	(feuilles ou plante entière)
CAMOMILLE ROMAINE	(fleurs)	ORTIE PIQUANTE	(plante entière)
CARVI	(graines)		
CASSIS	(feuilles)	PARIÉTAIRE	(plante entière)
CÉLERI	(feuilles)	PENSÉE SAUVAGE	(fleurs)
CERFEUIL	(feuilles)	PIN	(bourgeons)
CHIENDENT	(racine)	PISSENLIT	(racine)
CITRON	(écorce)	PRÊLE	(plante entière)
CITRONNELLE	(plante antière)		
CYNORRHODON	(baies)	QUEUES DE CERISE	
EUCALYPTUS	(feuilles)	RÉGLISSE	(racine)
		REINE-DES-PRÉS	(fleurs)
FENOUIL	(graines)	ROMARIN	(feuilles)
FRAISIER	(feuilles et racine)	RONCE	(feuilles)
FRÊNE	(feuilles)	ROSE	(fleurs)
FUCUS	(plante entière)		
		SARRIETTE	(plante entière)
GENIÈVRE	(baies)	SAUGE	(feuilles)
GENTIANE	(racine)	SERPOLET	(plante entière)
GUIMAUVE	(racine)	SUREAU	(fleurs)
HIBISCUS	(fleurs)		
HOUBLON	(cônes)	THYM	(plante entière)
HYSOPE	(plante entière)	TILLEUL	(fleurs)
		TILLEUL	(aubier)
LAMIER BLANC	(plante entière)		
LAVANDE	(fleurs)	VERVEINE	(plante entière)
LIERRE TERRESTRE	(plante entière)	VIGNE ROUGE	(feuilles)
LIN	(graines)	VIOLETTE	(fleurs)

143

Principales affections pouvant être améliorées par nos 67 plantes de santé

Formulaire tisanes

Indication principale	Indication secondaire	N° tisane	Page
	Aérophagie	1	149
DIGESTION	Constipation : cas général	2	150
	Constipation : sujets délicats	3	151
	Constipation : atonie hépatique	4	152
	Constipation : ballonnements	5	153
	Constipation : atonie intestinale	6	154
	Diarrhées	7	155
	Aigreurs d'estomac	8	157
	Aphtes	9	158
	Intoxication	10	159
	Vomissements	11	161
	Vomissements de la grossesse	12	162
	Nervosité	13	163
	Colite (sans diarrhée)	14	164
	Colite (avec diarrhée)	15	165
	Foie	16	166
POIDS	Obésité (problèmes circulation)	17	167
	Obésité (rétention d'eau)	18	168
	Cellulite	19	169
	Foie	20	171
	Rhumatismes	21	172
	Cholestérol	22	173
	Œdème	23	174
	Albuminurie	24	175
	Nervosité	25	176

6

113 tisanes de santé pour rester en forme toute l'année

Digestion

1. Aérophagie

Ballonnements à caractère nerveux - Spasmes

Basilic	50 g
Camomille romaine	25 g
Fenouil (graines)	25 g
Marjolaine	25 g
Mélisse	25 g
Citronnelle	25 g
Anis (graines)	25 g
	200 g

Mode de préparation :

Mettre 4 cuillères à soupe du mélange de plantes dans 1 litre d'eau froide. Porter à ébullition sans faire bouillir, éteindre le feu et laisser infuser 10 minutes.

Filtrer et boire 1 grande tasse (1/4 de litre aux heures indiquées).

Posologie :

1 tasse 3 fois par jour après les repas.

Cette tisane est particulièrement efficace contre les ballonnements d'origine nerveuse grâce à la présence du basilic, de la marjolaine et de la mélisse qui sont les antispasmodiques rééquilibrants du système nerveux.

Son efficacité sera renforcée si vous évitez de boire avant et pendant le repas, de manière à ne pas diluer vos sucs gastriques et surcharger votre estomac par un volume excessif.

Vous boirez, de préférence, 1 heure avant ou 3 heures après les repas.

2. Constipation

Cas général - Régulation par activation des mécanismes digestifs

Mauve	25 g
Pissenlit	50 g
Sureau	50 g
Rose	50 g
Artichaut	50 g
Anis	25 g
	250 g

Mode de préparation :

Mettre 4 cuillères à soupe du mélange de plantes dans 1 litre d'eau froide. Porter à ébullition. Faire

bouillir 1 minute, éteindre le feu et laisser infuser 10 minutes. Filtrer et boire 1 grande tasse (1/4 de litre aux heures indiquées).

Posologie :

1 tasse après chacun des principaux repas et 1 tasse au coucher.

Si votre constipation est occasionnelle ou peu marquée, vous tirerez le plus grand profit de cette tisane qui régularise à la fois les mécanismes digestifs et intestinaux. Pensez aussi à boire suffisamment et absorber à votre petit déjeuner du matin quelques pruneaux trempés toute la nuit. Vous devriez venir, sans peine, à bout de cet embarras passager.

3. Constipation

Sujets délicats (enfants, vieillards, femmes enceintes)
Régulation (sujets nerveux)

Basilic	50 g
Rose pâle	50 g
Mauve	25 g
Marjolaine	25 g
Réglisse	50 g
Pensée sauvage	25 g
	225 g

Mode de préparation :

Mettre 4 cuillères à soupe du mélange de plantes dans 1 litre d'eau froide. Porter à ébullition sans faire bouillir, éteindre le feu et laisser infuser 10 minutes.

Filtrer et boire 1 grande tasse (1/4 de litre aux heures indiquées).

Posologie :

3 tasses par jour entre les repas.

Si vous avez les intestins très fragiles, il vous faut régulariser en douceur votre transit intestinal de manière à ne pas provoquer d'inflammation. Cette tisane, qui ne contient aucun élément irritant, convient parfaitement aux enfants, aux vieillards, aux femmes enceintes et même aux opérés de l'abdomen. Elle agit en diminuant les spasmes nerveux et en facilitant la progression des déchets alimentaires dans l'intestin.

4. Constipation

Atonie hépatique - Lenteur digestive

Romarin	50 g
Fenouil	25 g
Mauve	25 g
Artichaut	50 g
Menthe poivrée	25 g
Pissenlit	50 g
Ményanthe	25 g
	250 g

Mode de préparation :

Mettre 4 cuillères à soupe du mélange de plantes dans 1 litre d'eau froide. Porter à ébullition. Faire bouillir 1 minute, éteindre le feu et laisser infuser

10 minutes. Filtrer et boire 1 grande tasse (1/4 de litre aux heures indiquées).

Posologie :

3 tasses par jour après les repas.

Certaines constipations sont causées par une insuffisance de production de bile et un mauvais travail du foie. Cette tisane stimule aussi bien la cellule hépatique que la digestion des aliments. Bien préparés, ceux-ci ne stagneront pas dans l'intestin et pourront être évacués sans problème. Vous pouvez compléter efficacement la cure de tisane par l'absorption, le matin à jeun, d'une ampoule de radis noir pendant 15 jours pour éveiller votre vésicule.

5. Constipation

Ballonnements - Fermentations - Gaz putrides

Carvi	25 g
Genévrier	50 g
Sarriette	50 g
Réglisse	50 g
Fraisier	50 g
Mauve	25 g
Pissenlit	50 g
	300 g

Mode de préparation :

Mettre 4 cuillères à soupe du mélange de plantes dans 1 litre d'eau froide. Porter à ébullition. Faire bouillir 1 minute, éteindre le feu et laisser infuser

10 minutes. Filtrer et boire 1 grande tasse (1/4 de litre aux heures indiquées).

Posologie :

3 tasses par jour entre les repas.

Certaines constipations s'accompagnent de ballonnements et de fermentations très inconfortables. La formule ci-après, en régularisant le processus d'assimilation des aliments, empêche la production de gaz et assainit l'intestin. Faites, en même temps, une cure de levure de bière, qui vous apportera la vitamine B indispensable à la bonne absorption intestinale.

6. Constipation

Stimulation du péristaltisme intestinal
Accélère la digestion - Atonie intestinale

Guimauve	50 g
Réglisse	50 g
Menthe poivrée	25 g
Fenouil	25 g
Frêne	50 g
Anis	25 g
Mauve	25 g
Sureau	50 g
	300 g

Mode de préparation :

Mettre la veille de l'utilisation 4 cuillères à soupe du mélange de plantes dans 1 litre d'eau froide. Le matin, chauffer jusqu'à ébullition sans faire bouillir, éteindre le feu et laisser infuser 10 minutes. Filtrer et boire 1 grande tasse (1/4 de litre aux heures indiquées).

Posologie :

3 tasses par jour dont 1 au coucher.

Si votre constipation est due à une atonie des parois intestinales, qui ne permet pas une progression normale des déchets organiques dans l'intestin, menthe, fenouil, frêne et anis réveilleront le péristaltisme intestinal, cependant que mauve, réglisse et sureau, par leur action adoucissante et purgative douce, combattront la congestion.

Pensez aussi à apporter en complément dans votre alimentation suffisamment de fibres alimentaires, notamment en remplaçant le pain blanc par du pain complet ou du pain de son.

7. Diarrhées

Régularise le transit - Désinfecte - Stimule l'état général

Fraisier	50 g
Anis	25 g
Thym	50 g
Guimauve	50 g
Cynorrhodon	50 g
	225 g

Mode de préparation :

Mettre 4 cuillères à soupe du mélange de plantes

dans 1 litre d'eau froide. Porter à ébullition. Faire bouillir 1 minute, éteindre le feu et laisser infuser 10 minutes. Filtrer et boire 1 grande tasse (1/4 de litre aux heures indiquées).

Posologie :

1 tasse toutes les heures (en crise) ou 3 tasses par jour (état chronique).

Cette tisane convient aussi bien en cas de crise de diarrhée aiguë que pour les diarrhées alternant avec des crises de constipation. Vous pouvez, sans danger, rapprocher les prises de tisane dans les crises très aiguës ou l'utiliser pour des enfants. Pensez aussi à la boire dans les cas de diarrhées d'été provoquées par un abus de crudités et la consommation de boissons trop froides ou composées avec des eaux mal épurées, car son action assainissante est très marquée.

Pendant la crise, buvez beaucoup pour compenser les pertes hydriques et mangez peu (une purée de carottes trop cuite par exemple). Vous pouvez aussi compléter l'action de la tisane en buvant de l'eau de riz ou de l'eau d'argile.

8. Aigreurs d'estomac

Calmante - Désinfectante
Régularise les sécrétions des sucs gastriques

Mauve	25 g
Mélisse	25 g
Menthe douce	50 g
Thym	50 g
Sauge	50 g
Guimauve	50 g
Houblon	50 g
Réglisse	50 g
	350 g

Mode de préparation :

Mettre 4 cuillères à soupe du mélange de plantes dans 1 litre d'eau froide. Porter à ébullition. Faire bouillir 1 minute, éteindre le feu et laisser infuser 10 minutes. Filtrer et boire 1 grande tasse (1/4 de litre aux heures indiquées).

Posologie :

1 tasse avant les trois repas.

L'action première de cette tisane est de régulariser la sécrétion des sucs gastriques provoquant les aigreurs d'estomac. Elle est aussi calmante et désinfectante. Je vous conseille de l'utiliser en alternance avec la tisane n° 13 qui réduit la nervosité accompagnant bien souvent les aigreurs d'estomac.

Dans ce cas, vous prendrez, par exemple, la tisane anti-nervosité le matin et, dans la journée, avant les deux repas, 1 tasse de la tisane contre les aigreurs d'estomac.

Essayez, en complément de ce traitement, d'avoir des horaires de repas réguliers et de vous reposer suffisamment pour compenser la fatigue nerveuse. La sophrologie serait un bon moyen de récupération pour vous.

9. Aphtes

Adoucissante - Astringente - Désinfectante Digestive

Sauge	50 g
Anis	25 g
Thym	50 g
Mauve	25 g
Citron	50 g
Fraisier	50 g
	250 g

Mode de préparation :

Mettre 4 cuillères à soupe du mélange de plantes dans 1 litre d'eau froide. Porter à ébullition sans faire bouillir, éteindre le feu et laisser infuser 10 minutes. Filtrer et boire 1 grande tasse (1/4 de litre aux heures indiquées).

Posologie :

3 tasses par jour entre les repas et en bains de bouche.

En dehors du cas assez rare où les aphtes auraient été provoqués par l'ingestion d'aliments irritants, les aphtes sont plus fréquemment le résultat de problèmes digestifs. Certaines personnes y sont malheureusement plus sujettes que d'autres et en souffrent périodiquement.

Il faut, dans ce cas, à la fois faciliter la digestion, assainir cavité buccale et intestins, tout en adoucissant les muqueuses. C'est l'objet de cette tisane que vous utiliserez jusqu'à guérison complète.

Je vous conseille de la reprendre, périodiquement, en cures de 15 jours pour éviter les récidives.

Pour hâter la guérison des aphtes, tamponnez-les plusieurs fois par jour avec un coton-tige imprégné de jus de citron.

10. Intoxication

Excès d'aliments ou aliments avariés. Alcoolisme
Dépurative - Digestive - Désinfectante - Calmante

Romarin	50 g
Artichaut	50 g
Cynorrhodon	50 g
Houblon	50 g
Mélisse	50 g
Mauve	25 g
Thym	50 g
Cassis	50 g
Citron	50 g
	425 g

Mode de préparation :

Mettre 4 cuillères à soupe du mélange de plantes dans 1 litre d'eau froide. Porter à ébullition sans faire

bouillir, éteindre le feu et laisser infuser 10 minutes. Filtrer et boire 1 grande tasse (1/4 de litre aux heures indiquées).

Posologie :

1 tasse toutes les heures en cas de crise aiguë ou 3 tasses par jour entre les repas en cure.

Que votre intoxication résulte d'un excès alimentaire, d'aliments avariés ou... d'une prise un peu trop régulière d'alcool, vous vous trouverez bien de l'utilisation de cette tisane dépurative, digestive et désinfectante.

En cas d'intoxication alimentaire, mettez-vous à la diète et buvez-la le plus souvent possible pour favoriser l'élimination des toxines. Consommez également des jus de citron qui compléteront l'action antiseptique de la tisane.

Pour l'intoxication « alcoolique », la tisane devra être bue d'une manière suivie, à raison de 3 tasses par jour entre les repas. C'est un excellent adjuvant à une cure de désintoxication.

11. Vomissements

Embarras gastrique ou indigestion
Calmante - Antispasmodique - Digestive - Hépatique

Camomille	25 g
Houblon	50 g
Mélisse	25 g
Menthe douce	50 g
Verveine	25 g
Romarin	50 g
	225 g

Mode de préparation :

Mettre 4 cuillères à soupe du mélange de plantes dans 1 litre d'eau froide. Porter à ébullition sans faire bouillir, éteindre le feu et laisser infuser 10 minutes. Filtrer et boire 1 grande tasse (1/4 de litre aux heures indiquées).

Posologie :

1 tasse toutes les heures en cas de crise aiguë.
1 tasse, 3 fois par jour, entre les repas en cure.

Les vomissements sont le plus souvent causés par des embarras gastriques, mais ils peuvent aussi être le résultat d'état de stress. Quelle qu'en soit la cause, la formule ci-dessus vous aidera à les faire disparaître, grâce à son action calmante, antispasmodique, digestive et hépatique.

Accentuez l'effet antispasmodique de la tisane par l'application d'une bouillote chaude sur foie et estomac.

12. Vomissements de la grossesse

Combat les spasmes et les nausées
par action calmante et digestive

Basilic	50 g
Fleurs d'oranger	50 g
Houblon	50 g
Mélisse	25 g
Menthe	50 g
Marjolaine	25 g
Tilleul	25 g
	275 g

Mode de préparation :

Mettre 4 cuillères à soupe du mélange de plantes dans 1 litre d'eau froide. Porter à ébullition sans faire bouillir, éteindre le feu et laisser infuser 10 minutes. Filtrer et boire 1 grande tasse (1/4 de litre aux heures indiquées).

Posologie :

1 tasse le matin à jeun et 1/4 d'heure avant les repas.

Les vomissements de la grossesse sont le résultat d'une perturbation de l'état nerveux accentué par le bouleversement organique qui accompagne la grossesse.

Vous prendrez cette tisane jusqu'à ce que les symptômes cessent. Si vous en avez la possibilité, appliquez au niveau de l'estomac, une fois par jour, avant l'heure habituelle des vomissements, un cataplasme d'argile verte délayée à l'eau froide, que vous conserverez au moins 1/2 heure.

13. Nervosité

Calmante - Digestive - Antispasmodique

Basilic	50 g
Camomille	25 g
Fenouil	25 g
Marjolaine	25 g
Mélisse	25 g
Citronnelle	50 g
Anis	25 g
	225 g

Mode de préparation :

Mettre 4 cuillères à soupe du mélange de plantes dans 1 litre d'eau froide. Porter à ébullition sans faire bouillir, éteindre le feu et laisser infuser 10 minutes. Filtrer et boire 1 grande tasse (1/4 de litre aux heures indiquées).

Posologie :

1 tasse le matin à jeun et après les deux repas.

Certains problèmes digestifs sont causés presque uniquement par un excès de nervosité. Si tel est votre cas — et vous vous en rendrez facilement compte car il suffit d'une contrariété pour les déclencher — n'essayez pas de prendre des médicaments destinés à favoriser la digestion, mais pensez plutôt à court-circuiter le problème à la base en rééquilibrant d'abord votre système nerveux.

La formule qui précède est destinée à vous y aider. Mais sachez que si le problème est ancien ou très marqué, il faudra avoir recours à un traitement plus fon-

damental, la sympathicothérapie, qui agira au niveau du système neuro-végétatif (voir texte concernant la sympathicothérapie page 25).

14. Colite

(Sans diarrhée)
Calmante - Antiseptique - Adoucissante

Mauve	25 g
Guimauve	50 g
Anis	25 g
Sureau..................	50 g
Thym	50 g
Basilic	50 g
	250 g

Mode de préparation :

Mettre 4 cuillères à soupe du mélange de plantes dans 1 litre d'eau froide. Porter à ébullition. Faire bouillir 1 minute, éteindre le feu et laisser infuser 10 minutes. Filtrer et boire 1 grande tasse (1/4 de litre aux heures indiquées).

Posologie :

1 tasse toutes les 2 heures en cas de crise aiguë.
3 tasses par jour entre les repas pour colite chronique.

La colite est une inflammation de la muqueuse qui tapisse le colon. C'est une affection très douloureuse qui évolue par crises et peut devenir chronique.
Quels que soient le cas et la cause, vous serez sou-

lagé par cette formule à la fois calmante, antiseptique et adoucissante.

Parallèlement, éliminez de votre alimentation tous les aliments irritants : alcool, graisses, viande rouge et ceux qui, personnellement, vous irritent.

15. Colite

(Avec diarrhée)
Calmante - Antiseptique - Astringente

Fraisier	50 g
Anis	25 g
Guimauve	50 g
Thym	50 g
Frêne...................	50 g
Lavande	50 g
	275 g

Mode de préparation :

Mettre 4 cuillères à soupe du mélange de plantes dans 1 litre d'eau froide. Porter à ébullition. Faire bouillir 1 minute, éteindre le feu et laisser infuser 10 minutes. Filtrer et boire 1 grande tasse (1/4 de litre aux heures indiquées).

Posologie :

1 tasse toutes les 2 heures en cas de crise aiguë.
3 tasses par jour en cas de colite chronique.

Très fréquemment, dans la colite, alternent épisodes de diarrhées et de constipation. Si tel est votre cas, pendant les épisodes diarrhéiques, vous prendrez la *tisane ci-dessus. Autrement, vous reviendrez à la tisane précédente qui a une action équilibrante et anti-inflammatoire.*

Faites en complément une cure d'argile verte de la façon suivante : buvez toutes les heures, en cas de crise aiguë, 1/2 verre d'eau dans lequel vous aurez mis 1 cuillère à café d'argile verte.

Après le retour à la normale, continuez de boire matin et soir avant les repas, 1 cuillère à café d'argile verte délayée dans un peu d'eau. Elle règle, rééduque et renforce tous les mécanismes digestifs et intestinaux.

16. Foie

Stimule foie et vésicule pour accélérer la digestion et éliminer les toxines

Menthe poivrée	25 g
Pissenlit	50 g
Romarin	50 g
Artichaut	50 g
Chiendent	50 g
Réglisse	50 g
	275 g

Mode de préparation :

Mettre 4 cuillères à soupe du mélange de plantes dans 1 litre d'eau froide. Porter à ébullition. Faire bouillir 1 minute, éteindre le feu et laisser infuser 10 minutes. Filtrer et boire 1 grande tasse (1/4 de litre aux heures indiquées).

Posologie :

1 tasse après chaque repas.

Faites, très régulièrement, 15 jours par mois, en période de lune croissante, une cure de la tisane ci-dessus, surtout si vous avez la vésicule ou le foie paresseux.

Le foie joue un rôle beaucoup plus important qu'on ne l'imagine bien souvent dans le fonctionnement organique. Son rôle de filtre des toxines est, en particulier, complètement inconnu.

Une sage habitude consiste à « l'aider » régulièrement dans son travail et la période de lune croissante est particulièrement indiquée pour « tonifier » foie et vésicule.

Poids

17. Obésité

Tisane diurétique et amincissante pour problème lié à la mauvaise circulation

Menthe poivrée	25 g
Genièvre	50 g
Fucus	100 g
Vigne rouge	50 g
Chiendent	50 g
Anis	25 g
Lamier blanc	50 g
	350 g

Mode de préparation :

Mettre 4 cuillères à soupe du mélange de plantes dans 1 litre d'eau froide. Porter à ébullition sans faire

bouillir, éteindre le feu et laisser infuser 10 minutes. Filtrer et boire 1 grande tasse (1/4 de litre aux heures indiquées).

Posologie :

1 tasse 3 fois par jour entre les repas.

Cette tisane vous convient particulièrement si votre poids est la conséquence d'une mauvaise élimination des déchets et d'une circulation déficiente. Il est bien évident que vous ne pourrez pas espérer perdre votre poids sans faire un régime sérieux qui oblige votre organisme à puiser dans ses réserves de graisse. La tisane que je vous conseille complète votre régime et accentue ses effets en favorisant l'évacuation des déchets créés par l'utilisation de vos graisses superflues.

18. Obésité

Tisane diurétique et amincissante pour problème lié à la rétention d'eau

Pissenlit	50 g
Queues de cerise	50 g
Fucus	100 g
Romarin	50 g
Reine-des-prés	50 g
Anis	25 g
	325 g

Mode de préparation :

Mettre la veille de l'utilisation 4 cuillères à soupe

du mélange de plantes dans 1 litre d'eau froide. Porter à ébullition sans faire bouillir, éteindre le feu et laissez infuser 10 minutes. Filtrer et boire 1 grande tasse (1/4 de litre aux heures indiquées).

Posologie :

1 tasse 3 fois par jour entre les repas.

Si vous avez un problème de poids excédentaire, si vous avez l'impression que vous « retenez l'eau », bref, si vous avez de l'œdème, vous préférerez cette tisane à la précédente. Pour les femmes, la semaine qui précède les règles peut aggraver le problème. La tisane qu'il vous faut doit être suffisamment diurétique pour drainer toute cette eau excédentaire.

Elle sera donc un excellent complément de votre régime et du traitement par les plantes.

19. Cellulite

Tisane amincissante - Sudorifique
Diurétique - Digestive

Bouleau	50 g
Maïs	50 g
Queues de cerise	50 g
Bourrache	50 g
Chiendent	50 g
Reine-des-prés	50 g
Artichaut	50 g
Citron	50 g
	400 g

Mode de préparation :

Mettre 4 cuillères à soupe du mélange de plantes dans 1 litre d'eau froide. Porter à ébullition. Faire bouillir 1 minute, éteindre le feu et laisser infuser 10 minutes. Filtrer et boire 1 grande tasse (1/4 de litre aux heures indiquées).

Posologie :

3 tasses par jour entre les repas.

Vouloir régler un problème de cellulite uniquement par des soins locaux est une illusion. Il faut compléter par un drainage interne de manière à favoriser l'élimination des surcharges localisées. Cette formule, par son action diurétique, digestive et amincissante, favorisera l'élimination de l'excès de graisse. Si, de plus, vous la prenez 1 heure avant les repas, accompagnée de quelques comprimés de levure de bière, elle agira comme un coupe-faim naturel et stoppera vos crises de boulimie. Pour les cellulites très localisées (culotte de cheval, intérieur des genoux, ventre), accompagnez-la d'une des recettes de cataplasmes données dans la première partie du livre.

20. Foie

Tisane amincissante
Stimulation hépatique et intestinale

Citronnelle	25 g
Pissenlit	50 g
Romarin	50 g
Anis	25 g
Céleri	50 g
Sureau	50 g
	250 g

Mode de préparation :

Mettre 4 cuillères à soupe du mélange de plantes dans 1 litre d'eau froide. Porter à ébullition. Faire bouillir 1 minute, éteindre le feu et laisser infuser 10 minutes. Filtrer et boire 1 grande tasse (1/4 de litre aux heures indiquées).

Posologie :

3 tasses par jour entre les repas.

Bien souvent, les excès de poids qui ne proviennent pas d'une alimentation trop riche peuvent avoir pour origine une mauvaise régulation du système hépatique. Celui-ci, jouant son rôle de filtre, laisse passer des toxines qui, au lieu d'être éliminées par les voies naturelles, restent stockées dans l'organisme où elles contribuent à engendrer l'excès de poids. Il faut, dans ce cas, aider foie, vésicule et intestins à bien jouer leur rôle, et c'est ce que fera cette tisane. Si le foie est votre « organe-cible », faites-en 15 jours par mois systématiquement une cure à raison de 3 grandes tasses par jour.

21. Rhumatismes

Favorise l'élimination des toxines et déchets organiques
Reminéralise

Bruyère	50 g
Cassis	50 g
Aubier de tilleul	50 g
Vigne rouge	50 g
Prêle	50 g
Réglisse	50 g
Genièvre	50 g
	350 g

Mode de préparation :

Mettre 4 cuillères à soupe du mélange de plantes dans 1 litre d'eau froide. Porter à ébullition. Faire bouillir 1 minute, éteindre le feu et laisser infuser 10 minutes. Filtrer et boire 1 grande tasse (1/4 de litre aux heures indiquées).

Posologie :

3 tasses par jour entre les repas.

Là aussi, une mauvaise régulation du métabolisme alimentaire conduit à des déchets organiques non éliminés. Seulement, les déchets ont tendance à se localiser principalement dans les articulations, provoquant des douleurs difficiles à supporter. Si vous joignez excès de poids et rhumatismes, la tisane ci-dessus traitera l'un et l'autre. Sachez qu'il vous faudra être patient, car vous n'aurez pas une amélioration du jour au lendemain. Commencez par une cure de 21 jours en supprimant de votre alimentation tous les aliments

irritants, en particulier viande rouge, graisses et sucres.
Poursuivez ensuite en entretien 15 jours par mois.

22. Cholestérol

Évite la formation de dépôts graisseux
Stimule la digestion - Calme la nervosité

Artichaut	50 g
Reine-des-prés	50 g
Bouleau	50 g
Pissenlit	50 g
Origan	50 g
Citron	50 g
	300 g

Mode de préparation :

Mettre 4 cuillères à soupe du mélange de plantes dans 1 litre d'eau froide. Porter à ébullition. Faire bouillir 1 minute, éteindre le feu et laisser infuser 10 minutes. Filtrer et boire 1 grande tasse (1/4 de litre aux heures indiquées).

Posologie :

3 tasses par jour entre les repas.

Le taux de cholestérol sanguin est à surveiller atten-
tivement. Si vous dépassez 215 g/l de sang, alerte !
Vous êtes en danger. En effet, le cholestérol, en se
déposant sur les parois des artères, favorise l'hyperten-
sion et les accidents cardiaques. La tisane que je vous
indique n'est pas à utiliser en cas de problèmes cardia-
ques aigus, il est alors trop tard pour que les plantes

puissent agir, mais elle vous sera d'un précieux secours pour rester dans des taux de cholestérol raisonnables si vous y êtes prédisposé. En parallèle, surveillez votre régime (supprimez les graisses animales, les abats, la viande trop grasse, surveillez la consommation de sel et réduisez la consommation de fromages gras et charcuteries).

23. Œdème

Tisane sudorifique - Diurétique - Désinfiltrante

Menthe poivrée	25 g
Genièvre	50 g
Maïs	25 g
Queues de cerise	50 g
Sureau	50 g
Vigne rouge	50 g
Bourrache	50 g
	300 g

Mode de préparation :

Mettre 4 cuillères à soupe du mélange de plantes dans 1 litre d'eau froide. Porter à ébullition sans faire bouillir, éteindre le feu et laisser infuser 10 minutes. Filtrer et boire 1 grande tasse (1/4 de litre aux heures indiquées).

Posologie :

3 tasses par jour entre les repas.

L'œdème est une infiltration des tissus par le liquide lymphatique. Ce sont, en général, les membres infé-

rieurs qui sont infiltrés, avec gonflement des chevilles, des pieds et parfois de toute la jambe. Vous ferez vous-même le diagnostic de l'œdème grâce au signe du « godet » : en appuyant fortement pendant une à deux secondes avec un doigt sur les tissus gonflés, on s'aperçoit que subsiste une empreinte « en creux » du doigt, qui met quelques secondes à s'estomper, alors que chez les sujets sains elle disparaît immédiatement. La formule ci-dessus prise régulièrement, ainsi qu'une dizaine de séances de drainage lymphatique, viendront à bout de votre problème. Attention à l'œdème des maladies cardio-vasculaires, qui est beaucoup plus grave et comporte des complications rénales. N'hésitez pas à consulter votre médecin pour un œdème aigu ou une aggravation du vôtre.

24. Albuminurie

Stimule le fonctionnement du foie et des reins pour une meilleure élimination des toxines

Maïs	25 g
Pissenlit	50 g
Lamier blanc	50 g
Pariétaire	50 g
Thym	50 g
Bardane	50 g
Menthe poivrée	25 g
	300 g

Mode de préparation :

Mettre 4 cuillères à soupe du mélange de plantes dans 1 litre d'eau froide. Porter à ébullition. Faire

bouillir 1 minute, éteindre le feu et laisser infuser 10 minutes. Filtrer et boire 1 grande tasse (1/4 de litre aux heures indiquées).

Posologie :

3 tasses par jour entre les repas.

Nous ne parlons pas d'ici de l'albuminurie « vraie » qui est le symptôme d'une atteinte du rein, mais plutôt de l'albuminurie occasionnelle et bénigne. Elle peut être causée par des fatigues, des émotions vives, elle peut aussi survenir en période d'entraînement intense. Une cure de 15 jours de la tisane ci-dessus fera rapidement rentrer les choses dans l'ordre. Soyez vigilant et n'hésitez pas à consulter votre médecin si l'albuminurie se prolongeait.

25. Nervosité

Rééquilibre le système nerveux
Facilite l'élimination

Bigaradier	50 g
Mélisse	25 g
Lamier blanc	50 g
Serpolet	50 g
Hibiscus	50 g
Reine-des-prés	50 g
Basilic	50 g
	325 g

Mode de préparation :

Mettre 4 cuillères à soupe du mélange de plantes

dans 1 litre d'eau froide. Porter à ébullition sans faire bouillir, éteindre le feu et laisser infuser 10 minutes. Filtrer et boire 1 grande tasse (1/4 de litre aux heures indiquées).

Posologie :

3 tasses par jour entre les repas.

Vous faites sans doute partie de ces malheureux ou malheureuses qui, tout en surveillant leur alimentation, ne perdent pas un gramme et, bien au contraire, peuvent prendre deux ou trois kilos en un jour de temps à la suite d'une contrariété ou d'une fatigue. Dans votre cas, avant même de penser à votre poids — qui n'est que la manifestation « extérieure » de souffrance de votre organisme — pensez à récupérer un équilibre nerveux satisfaisant. Vous prendrez pour cela 3 tasses par jour de cette tisane ; mais si son effet n'est pas suffisant, il faudra vous tourner vers la sympathicothérapie qui aura une action régulatrice à la fois sur votre système nerveux autonome et sur votre métabolisme. (Voir page 25.)

26. Circulation

Active la circulation
Favorise la combustion des graisses

Millefeuille	50 g
Vigne rouge	50 g
Chiendent	50 g
Fucus	100 g
Anis	25 g
Cassis	50 g
Genévrier	50 g
	375 g

Mode de préparation :

Mettre la veille de l'utilisation 4 cuillères à soupe du mélange de plantes dans 1 litre d'eau froide. Le matin, porter à ébullition sans faire bouillir, éteindre le feu et laissez infuser 10 minutes. Filtrer et boire 1 grande tasse (1/4 de litre aux heures indiquées).

Posologie :

3 tasses par jour entre les repas.

Si votre excès de poids s'accompagne de troubles de la circulation veineuse (varices, jambes lourdes, hémorroïdes), vous traiterez l'ensemble de vos problèmes par cette tisane qui active la circulation tout en favorisant la combustion des graisses. Complétez avec des bains aux huiles essentielles de plantes (le cyprès, la sarriette et le genévrier sont parfaitement indiqués dans ce cas) et terminez toujours vos ablutions par une douche froide des jambes pour tonifier la paroi des vaisseaux sanguins.

27. Diabète

Mélange dépuratif et hypoglycémiant

Eucalyptus	50 g
Genièvre	50 g
Sauge	50 g
Olivier	50 g
Lamier blanc	50 g
Pensée sauvage	25 g
Menthe poivrée	25 g
	300 g

Mode de préparation :

Mettre 4 cuillères à soupe du mélange de plantes dans 1 litre d'eau froide. Porter à ébullition. Faire bouillir 1 minute, éteindre le feu et laisser infuser 10 minutes. Filtrer et boire 1 grande tasse (1/4 de litre aux heures indiquées).

Posologie :

3 tasses par jour entre les repas.

Il s'agit ici, bien entendu, de ce qu'on appelle le diabète « gras » dans lequel les troubles du métabolisme portent sur les hydrates de carbone. Cette forme peut être héréditaire, mais elle peut aussi être causée par une alimentation trop riche ou trop stricte (consultez votre médecin). Aidez votre organisme à assurer convenablement le métabolisme des hydrates de carbone. Eucalyptus, genièvre et olivier, que vous trouverez dans cette tisane, sont des plantes qui ont une action réelle sur la glycémie. Prenez cette préparation de manière suivie et... pensez au régime !

28. Dépuratif du sang

Active la digestion - Épure le sang

Pissenlit .... 50 g
Romarin .... 50 g
Pensée sauvage .... 25 g
Lamier blanc .... 50 g
Bardane .... 50 g
Chiendent .... 50 g
Réglisse .... 50 g

325 g

Mode de préparation :

Mettre 4 cuillères à soupe du mélange de plantes dans 1 litre d'eau froide. Porter à ébullition. Faire bouillir 1 minute, éteindre le feu et laisser infuser 10 minutes. Filtrer et boire 1 grande tasse (1/4 de litre aux heures indiquées).

Posologie :

3 tasses par jour entre les repas.

Autrefois, on savait périodiquement faire une cure d'épuration du sang. Cet usage s'est perdu et c'est bien dommage, car voilà un bon moyen de nettoyer votre organisme des toxines superflues. Si donc vous avez des problèmes de poids qui s'accompagnent de manifestations signalant un sang «chargé» (boutons, éruptions de tous genres, démangeaisons...), utilisez cette formule pour épurer votre sang. Faites une cure de 15 jours à chaque changement de saison, vous vous en porterez bien mieux !

29. Cure de printemps

*Élimine les surcharges de l'hiver en réveillant
les fonctions hépatiques, digestives et circulatoires*

Vigne rouge	50 g
Reine-des-prés	50 g
Queues de cerise	50 g
Pissenlit	50 g
Fucus	100 g
Anis	25 g
	325 g

Mode de préparation :

Mettre 4 cuillères à soupe du mélange de plantes
dans 1 litre d'eau froide. Porter à ébullition. Faire
bouillir 1 minute, éteindre le feu et laisser infuser
10 minutes. Filtrer et boire 1 grande tasse (1/4 de
litre aux heures indiquées).

Posologie :

3 tasses par jour entre les repas.

*Dans le même esprit que la formule qui précède,
cette tisane est plus spécialement indiquée au printemps, lorsqu'il faut éliminer les surcharges de l'hiver
en réveillant les fonctions hépatiques, digestives et circulatoires. Vous perdrez sans difficulté deux à trois
kilos par ce moyen, d'autant plus facilement que vous
éliminerez en même temps de votre alimentation, pendant 15 jours, tout ce qui a pu cet hiver se transformer
en graisses (féculents, sucres, graisses).*

30. Maigreur

Favorise la reprise du poids en stimulant l'organisme et l'assimilation des aliments

Millefeuillle	50 g
Ortie piquante	50 g
Réglisse	50 g
Sauge	50 g
Genièvre	50 g
Cerfeuil	50 g
Cynorrhodon	50 g
	350 g

Mode de préparation :

Mettre 4 cuillères à soupe du mélange de plantes dans 1 litre d'eau froide. Porter à ébullition. Faire bouillir 1 minute, éteindre le feu et laisser infuser 10 minutes. Filtrer et boire 1 grande tasse (1/4 de litre aux heures indiquées).

Posologie :

1 tasse 1/4 d'heure avant les trois repas.

Il est, hélas ! beaucoup plus difficile de prendre du poids, lorsque l'organisme s'y refuse, que d'en perdre. En cas de maigreur, il ne suffit pas, comme pour l'excès de poids, d'un peu de volonté liée à une bonne hygiène alimentaire, c'est tout le métabolisme qu'il faut solliciter pour qu'il cesse de « brûler » d'une façon excessive les calories qu'on lui apporte. Essayez cette tisane et, si elle n'est pas suffisante, pensez aux massages réflexes, au drainage lymphatique manuel et à la sympathicothérapie.

Fatigue

31. Nervosité

Calme les nerfs - Stimule l'état général

Marjolaine	25 g
Lavande	50 g
Bigaradier	50 g
Gentiane	50 g
Mélisse	25 g
Oranger	50 g
	250 g

Mode de préparation :

Mettre 4 cuillères à soupe du mélange de plantes dans 1 litre d'eau froide. Porter à ébullition sans faire bouillir, éteindre le feu et laisser infuser 10 minutes. Filtrer et boire 1 grande tasse (1/4 de litre aux heures indiquées).

Posologie :

3 tasses par jour entre les repas.

Être fatigué ne veut pas dire être « amorphe » ou dépourvu de réactions. Certaines personnes sont d'autant plus surexcitées que leur fatigue est grande. C'est l'épuisement nerveux auquel il faut prêter une grande attention, car il peut conduire à la dépression. Dans bien des cas, en sachant revenir, à temps, à un mode de vie moins stressant et en aidant le système nerveux à se calmer, tout revient dans l'ordre, surtout si l'on sait utiliser des techniques d'appoint, comme la relaxation ou, mieux encore, la sophrologie pour mieux récupérer.

32. Dépression

Stimule le système nerveux
Combat le stress - Revitalise l'organisme

Gentiane	50 g
Hibiscus	50 g
Marjolaine	25 g
Basilic	50 g
Cynorrhodon	50 g
Citron	50 g
	275 g

Mode de préparation :

Mettre 4 cuillères à soupe du mélange de plantes dans 1 litre d'eau froide. Porter à ébullition. Faire bouillir 1 minute, éteindre le feu et laisser infuser 10 minutes. Filtrer et boire 1 grande tasse (1/4 de litre aux heures indiquées).

Posologie :

3 tasses par jour entre les repas.

Bien sûr, je traite ici les états dépressifs car une « vraie » dépression bien installée ne cédera pas au simple usage des plantes. Il faudra parallèlement avoir recours à des techniques destinées à court-circuiter les angoisses et remonter le système nerveux central (par la sympathicothérapie par exemple). Mais cette tisane peut vous aider à passer le cap de la diminution des tranquillisants et être l'amorce d'un retour à l'équilibre.

33. Insomnie

Calme les nerfs - Combat le stress
Facilite la digestion

Bigaradier	50 g
Camomille	25 g
Marjolaine	25 g
Mélisse	25 g
Oranger	50 g
Sauge	50 g
	225 g

Mode de préparation :

Mettre 4 cuillères à soupe du mélange de plantes dans 1 litre d'eau froide. Porter à ébullition sans faire bouillir, éteindre le feu et laisser infuser 10 minutes. Filtrer et boire 1 grande tasse (1/4 de litre aux heures indiquées).

Posologie :

3 tasses par jour entre les repas.

Rien n'est plus pénible que de se coucher le soir complètement épuisé et de ne pas arriver à trouver le sommeil. On se retrouve le matin aussi fatigué que la veille et le tonus de la journée n'est évidemment pas au maximum. Avant que cette insomnie ne devienne chronique, calmez vos nerfs et facilitez votre digestion en absorbant au coucher et dans la journée cette tisane.

Vous vous endormirez plus facilement et vous vous réveillerez frais et dispos le lendemain matin.

34. Foie

Tisane de régulation hépatique
Stimule la digestion - Combat les ballonnements

Anis	25 g
Fenouil	25 g
Artichaut	50 g
Réglisse	50 g
Basilic	50 g
Gentiane	25 g
	225 g

Mode de préparation :

Mettre 4 cuillères à soupe du mélange de plantes dans 1 litre d'eau froide. Porter à ébullition. Faire bouillir 1 minute, éteindre le feu et laisser infuser 10 minutes. Filtrer et boire 1 grande tasse (1/4 de litre aux heures indiquées).

Posologie :

3 tasses par jour après les repas.

Une fatigue chronique peut provenir d'un système hépatique affaibli. Réveillez-le grâce à cette tisane qui, en même temps, stimule la digestion et combat les ballonnements. Je vous conseille aussi de prendre le matin à jeun 1 ampoule de jus de radis noir ou 1 jus de citron dans de l'eau tiède non sucrée.

35. Angoisse

Nervosité - Difficultés de concentration - Angoisses

Lavande	50 g
Marjolaine	25 g
Bigaradier	50 g
Écorce d'oranger	50 g
Romarin	50 g
Sarriette	50 g
	275 g

Mode de préparation :

Mettre 4 cuillères à soupe du mélange de plantes dans 1 litre d'eau froide. Porter à ébullition sans faire bouillir, éteindre le feu et laisser infuser 10 minutes. Filtrer et boire 1 grande tasse (1/4 de litre aux heures indiquées).

Posologie :

3 tasses par jour entre les repas.

Une fatigue permanente, surtout si vous êtes nerveux, peut provoquer un état d'angoisse avec « boule » dans la gorge, difficultés de concentration et malaises. Lavande, marjolaine, bigaradier et oranger, qui sont des sédatifs du système nerveux et des antispasmodiques, dénoueront vos nerfs. Cependant que sarriette et romarin, remarquables toniques de l'organisme, aideront à chasser votre fatigue. Cette formule vous conviendra particulièrement bien si vous ressentez de temps en temps des palpitations d'origine nerveuse.

36. Hypotension

Anti-fatigue par son action hypertensive
Stimulation générale de l'organisme

Réglisse	50 g
Cynorrhodon	50 g
Gentiane	25 g
Sarriette	50 g
Romarin	50 g
Céleri	50 g
Sauge	50 g
	325 g

Mode de préparation :

Mettre 4 cuillères à soupe du mélange de plantes dans 1 litre d'eau froide. Porter à ébullition. Faire bouillir 1 minute, éteindre le feu et laisser infuser 10 minutes. Filtrer et boire 1 grande tasse (1/4 de litre aux heures indiquées).

Posologie :

3 tasses par jour entre les repas.

Sarriette, romarin et sauge joignent à leur propriété anti-fatigue une action favorable à la remontée de la tension artérielle. Utilisez-les sous toutes leurs formes et sans limitation de dosage. Vous vous en sentirez toujours bien. Complétez par une cure d'huile essentielle de romarin : 3 à 4 gouttes sur un sucre 3 fois par jour. Vous ferez ainsi une cure anti-fatigue et, tout en favorisant la remontée de votre tension artérielle, vous stimulerez vos fonctions hépatiques.

37. Fatigue sexuelle

**Tonique général de l'organisme
et des fonctions sexuelles**

Cynorrhodon	50 g
Cerfeuil	50 g
Sarriette	50 g
Romarin	50 g
Serpolet	50 g
Céleri	50 g
Écorce de citron	50 g
	350 g

Mode de préparation :

Mettre 4 cuillères à soupe du mélange de plantes dans 1 litre d'eau froide. Porter à ébullition sans faire bouillir, éteindre le feu et laisser infuser 10 minutes. Filtrer et boire 1 grande tasse (1/4 de litre aux heures indiquées).

Posologie :

3 tasses par jour entre les repas.

Une fatigue générale très marquée s'accompagne souvent de troubles des fonctions sexuelles. Ces troubles sont, en principe, passagers et cèdent lorsque l'organisme a réussi à surmonter son épuisement. Les plantes qui composent cette tisane sont toutes des stimulants sexuels. Faites cette petite cure de dynamisation d'une manière suivie ou bien à chaque fois que vous constatez une baisse de tonus. Vous pouvez compléter par une cure d'huile essentielle d'ylang-ylang à raison de 4 gouttes sur un morceau de sucre 3 fois par jour. Attention, l'ylang-ylang a en même temps une action hypotensive. Si votre fatigue s'accompagne d'une tension artérielle déjà basse, préférez à l'ylang-ylang l'huile essentielle de romarin qui a des propriétés semblables mais est hypertensive.

38. Croissance. Tendance au rachitisme

Tisane stimulante - Reminéralisante - Anti-fatigue

Lierre terrestre	50 g
Lamier blanc	50 g
Prêle	50 g
Frêne....................	50 g
Verveine	25 g
Thym	50 g
Romarin	50 g
	325 g

Mode de préparation :

Mettre 4 cuillères à soupe du mélange de plantes dans 1 litre d'eau froide. Porter à ébullition sans faire bouillir, éteindre le feu et laisser infuser 10 minutes. Filtrer et boire 1 grande tasse (1/4 de litre aux heures indiquées).

Posologie :

1 tasse 1/4 d'heure avant les repas.

Bien souvent, à l'adolescence, les enfants souffrent d'une fatigue générale, sans cause précise, qui se mani-feste par des difficultés à se concentrer sur le travail scolaire et des douleurs articulaires ou dorsales accom-pagnées d'une perte de l'appétit.

Ils fixent mal le calcium et souffrent d'un manque d'oligo-éléments. Faites-leur faire, 1 fois par trimestre, surtout pendant l'hiver, une cure de reminéralisation générale d'une durée de 3 semaines grâce à cette tisane. La prêle est, avec les algues, un des végétaux les plus riches en composés minéraux de toute sorte. Associez-les en donnant en même temps à vos enfants 4 comprimés par jour d'algues désodées, et vous leur ferez retrouver leur dynamisme.

39. Appétit (Manque d')

Stimule l'appétit - Favorise la digestion
Tonifie l'organisme

Ményanthe	25 g
Basilic	50 g
Citronnelle	50 g
Menthe poivrée	25 g
Gentiane	25 g
Romarin	50 g
Thym	50 g
	275 g

Mode de préparation :

Mettre 4 cuillères à soupe du mélange de plantes dans 1 litre d'eau froide. Porter à ébullition. Faire bouillir 1 minute, éteindre le feu et laisser infuser 10 minutes. Filtrer et boire 1 grande tasse (1/4 de litre aux heures indiquées).

Posologie :

1 tasse, 1/2 heure avant les trois repas.

Utile aussi bien aux enfants, aux convalescents que, d'une manière générale, à tous ceux qui souffrent à la fois d'une fatigue générale et d'un manque d'appétit, cette tisane est un bon apéritif naturel propre à stimuler également les fonctions digestives. Si vous préférez, vous pouvez utiliser cette formule pour préparer un vin apéritif (ne pas donner aux enfants). Mettez à macérer toutes les plantes du mélange dans 2 litres de bon vin rouge. Laissez infuser 4 jours, puis filtrez, ajoutez du sucre en poudre selon votre goût et consommez 1 verre apéritif avant chaque repas.

40. Anémie

Favorise la production de globules rouges
Tonifie l'organisme

Thym	50 g
Gentiane	25 g
Lierre terrestre	50 g
Lamier blanc	50 g
Verveine	50 g
Sauge	50 g
	275 g

Mode de préparation :

Mettre 4 cuillères à soupe du mélange de plantes dans 1 litre d'eau froide. Porter à ébullition. Faire bouillir 1 minute, éteindre le feu et laisser infuser 10 minutes. Filtrer et boire 1 grande tasse (1/4 de litre aux heures indiquées).

Posologie :

1 tasse matin et soir entre les repas.

Les enfants à l'adolescence et les femmes à la période de la ménopause sont plus souvent que d'autres atteints par une fatigue générale accompagnée d'anémie. Il faut, bien entendu, consulter votre médecin habituel si des analyses vous révèlent une baisse anormale de vos globules rouges. Si cette anémie est légère, vous ferez avec profit une cure de cette tisane que vous alternerez avec la tisane n° 38 (reminéralisante). Poursuivez la cure pendant au moins deux mois pour avoir un résultat. Consommez en complément beaucoup d'aliments contenant du fer : persil, foie de veau, haricots secs, huîtres, jaune d'œuf, lentilles, pois secs, amandes, chocolat, épinards...

Calculs

41. Calculs biliaires

Régulation des fonctions hépatiques
Élimination des dépôts biliaires

Artichaut	50 g
Chiendent	50 g
Hysope	50 g
Verveine	50 g
Romarin	50 g
Menthe poivrée	50 g
Cerfeuil	25 g
	325 g

Mode de préparation :

Mettre 4 cuillères à soupe du mélange de plantes dans 1 litre d'eau froide. Porter à ébullition. Faire bouillir 1 minute, éteindre le feu et laisser infuser 10 minutes. Filtrer et boire 1 grande tasse (1/4 de litre aux heures indiquées).

Posologie :

1 tasse, 1/4 d'heure avant les trois repas.

La grosseur des calculs biliaires varie de celle d'un grain de sable à celle d'un œuf ; ils se forment dans la vésicule et peuvent très bien y séjourner sans causer trop de tracas tant qu'ils ne migrent pas à l'intérieur des voies biliaires, provoquant alors des coliques hépatiques.

Crise très douloureuse que je ne vous souhaite pas de connaître. Avant d'en arriver là, favorisez l'élimination de ces petits calculs tant qu'ils sont à l'état de grains de sable en suivant régulièrement, 15 jours par mois, une cure de cette tisane. Vous favoriserez le mécanisme d'élimination si vous faites cette cure en période de lune décroissante (voir texte sur ce sujet page 21).

42. Calculs urinaires

Régulation des fonctions rénales
Élimination des dépôts

Millefeuillle	50 g
Bouleau	50 g
Bourrache	50 g
Bruyère	50 g
Cassis	50 g
Maïs	25 g
Rose	50 g
Hysope	50 g
	375 g

Mode de préparation :

Mettre 4 cuillères à soupe du mélange de plantes dans 1 litre d'eau froide. Porter à ébullition. Faire bouillir 1 minute, éteindre le feu et laisser infuser 10 minutes. Filtrer et boire 1 grande tasse (1/4 de litre aux heures indiquées).

Posologie :

3 tasses par jour, en cure de 10 jours par mois.

La tisane ci-dessus, à la fois diurétique et désinfectante, favorise l'élimination des calculs avant qu'ils ne provoquent des coliques néphrétiques. Buvez, le matin à jeun, un grand verre d'eau minérale plate et complétez l'apport hydrique dans la journée en buvant, 1 heure avant chacun des repas, cette préparation pendant 10 jours par mois si vous craignez la formation de calculs rénaux. En cas de lithiase unique, supprimez de votre alimentation les viandes fumées ou fai-

sandées, le gibier, la charcuterie, les abats, les viandes gélatineuses, les poissons de mer et poissons gras ainsi que le saumon et les crustacés. En cas de lithiase oxalique, supprimez les légumes contenant de l'acide oxalique : asperges, oseille, épinards, haricots verts, aubergines, betteraves, cresson et céleri. Attention aussi aux condiments épicés, thé, café, alcools et vins.

Rhumatismes

43. Arthrite

Diurétique - Désintoxicante - Anti-inflammatoire

Cassis	50 g
Genièvre	50 g
Maïs (stigmates)	25 g
Ortie piquante	50 g
Pensée sauvage	25 g
Queues de cerise	50 g
Réglisse	50 g
	300 g

Mode de préparation :

Mettre 4 cuillères à soupe du mélange de plantes dans 1 litre d'eau froide. Porter à ébullition. Faire bouillir 1 minute, éteindre le feu et laisser infuser 10 minutes. Filtrer et boire 1 grande tasse (1/4 de litre aux heures indiquées).

Posologie :

3 tasses par jour entre les repas.

En matière de rhumatismes, il y a lieu de différencier l'arthrite et l'arthrose, que vous verrez parfois évoquées sous le terme de «rhumatisme chaud» pour la première et de «rhumatisme froid» pour la seconde. Nous parlons ici de leur forme chronique. L'arthrite est avant tout l'inflammation aiguë d'une ou plusieurs articulations, elle évolue par poussées inflammatoires et s'accompagne de fièvre, d'anémie, de fatigue et fait énormément souffrir. Cette tisane aidera votre organisme, en accélérant la diurèse, à se débarrasser des toxines et à mieux se défendre contre les agents infectieux. Il faut, avant tout, faciliter l'élimination et combattre l'inflammation. Un cataplasme d'argile froide sur l'articulation souffrante sera un bon complément au traitement.

44. Arthrose

Dépurative - Reminéralisante - Calmante

Vigne rouge	50 g
Prêle	50 g
Bardane	50 g
Aubier de tilleul	50 g
Frêne...................	50 g
Reine-des-prés	50 g
Réglisse	50 g
	350 g

Mode de préparation :

Mettre 4 cuillères à soupe du mélange de plantes dans 1 litre d'eau froide. Porter à ébullition. Faire bouillir 1 minute, éteindre le feu et laisser infuser 10 minutes. Filtrer et boire 1 grande tasse (1/4 de litre aux heures indiquées).

Posologie :

3 tasses par jour entre les repas.

L'arthrose, par opposition à l'arthrite, n'est pas un phénomène inflammatoire mais une maladie d'usure articulaire souvent déclenchée par des troubles du métabolisme de la nutrition et de l'élimination (cholestérol, urée...). Toutes les articulations et la colonne vertébrale peuvent être touchées : cervicarthrose, lombarthrose, etc. Il faudra, avant tout, favoriser les mécanismes d'élimination et de drainage, et vous utiliserez avec profit et... patience cette tisane, par cures de 15 jours par mois, en lune décroissante.

45. Mauvaise élimination rénale

Diurétique - Assainissante - Désintoxicante

Aubier de tilleul	50 g
Cassis	50 g
Chiendent	50 g
Pariétaire	50 g
Vigne rouge	50 g
Maïs (stigmates)	25 g
Réglisse	50 g
	375 g

Mode de préparation :

Mettre 4 cuillères à soupe du mélange de plantes dans 1 litre d'eau froide. Porter à ébullition. Faire bouillir 1 minute, éteindre le feu et laisser infuser 10 minutes. Filtrer et boire 1 grande tasse (1/4 de litre aux heures indiquées).

Posologie :

3 tasses par jour entre les repas.

Beaucoup de problèmes rénaux viennent du fait que l'on ne boit pas assez. Il faut boire environ 1 litre 1/2 d'eau par jour, en complément de celle que l'on absorbe aux repas ou par le biais de l'alimentation, de manière à aider les mécanismes d'élimination des déchets par les reins. Si vous ne buvez pas suffisamment, vous encrassez vos filtres organiques et fatiguez inutilement vos reins. Aidez-les, grâce à cette tisane diurétique, assainissante et désintoxicante, dont vous prendrez au moins 1 litre par jour.

46. Foie

Désintoxicante - Anti-inflammatoire
Stimule les fonctions hépatiques

Bouleau	50 g
Ortie piquante	50 g
Pissenlit	50 g
Réglisse	50 g
Basilic	50 g
Reine-des-prés	50 g
	300 g

Mode de préparation :

Mettre 4 cuillères à soupe du mélange de plantes dans 1 litre d'eau froide. Porter à ébullition. Faire bouillir 1 minute, éteindre le feu et laisser infuser 10 minutes. Filtrer et boire 1 grande tasse (1/4 de litre aux heures indiquées).

Posologie :

3 tasses par jour entre les repas.

Le foie, que nous malmenons trop souvent, a un rôle capital dans notre équilibre organique en raison de ses multiples fonctions. Entre autres, il élimine les toxines organiques. Il détruit également les débris cellulaires et les globules rouges usés du sang. Actuellement, notre alimentation, toujours polluée, apporte dans notre organisme une quantité croissante de poisons, résidus de pesticides ou autres poisons chimiques, qui le fatiguent, ne lui permettant plus de jouer complètement son rôle de filtre. Aidons-le régulièrement en prenant, 15 jours par mois, cette tisane tonique et stimulante des fonctions hépatiques.

47. Lumbago - Sciatique
Goutte (crise aiguë)

Calmante - Désintoxicante
Favorise l'élimination et la transpiration

Thym	25 g
Camomille	25 g
Marjolaine	25 g
Sureau	50 g
Reine-des-prés	50 g
Bourrache	50 g
Cassis	50 g
Bouleau	50 g
Genièvre	50 g
	375 g

Mode de préparation :

Mettre 4 cuillères à soupe du mélange de plantes dans 1 litre d'eau froide. Porter à ébullition sans faire bouillir, éteindre le feu et laisser infuser 10 minutes. Filtrer et boire une grande tasse (1/4 de litre aux heures indiquées).

Posologie :

1 tasse toutes les heures pendant la crise.

Vous avez fait un effort trop violent qui vous a déclenché un lumbago terrible ou bien vous ne surveillez pas assez votre alimentation et votre gros orteil est rouge et douloureux, c'est la crise de goutte ! Ne vous lamentez pas en pensant au traitement préventif que vous auriez pu faire... avant. Dans l'immédiat, il faut calmer la douleur et l'inflammation et nettoyer l'organisme. Il faut aussi vous aider à récupérer sur le plan nerveux car la douleur aiguë ne vous prédispose pas à la sérénité et vous empêche de dormir. Faites vite cette tisane et buvez, buvez, buvez ! en restant couché, soigneusement couvert ; plus vous transpirerez et mieux ce sera.

48. Douleurs musculaires - Contractures

Calmante - Décongestionnante - Anti-inflammatoire

Vigne rouge	50 g
Marjolaine	50 g
Reine-des-prés	50 g
Lavande	50 g
Genièvre..................	50 g
Réglisse	50 g
	300 g

Mode de préparation :

Mettre 4 cuillères à soupe du mélange de plantes dans 1 litre d'eau froide. Porter à ébullition sans faire bouillir, éteindre le feu et laisser infuser 10 minutes. Filtrer et boire 1 grande tasse (1/4 de litre aux heures indiquées).

Posologie :

3 tasses par jour ou 1 tasse toutes les heures en cas de crise aiguë.

Vous avez fait trop de sport (hum !) ou vous avez repeint votre salle de bain et vous êtes complètement moulu, perclus de douleurs et de contractures. Faites vite cette tisane qui est à la fois calmante, déconges-

*tionnante et anti-inflammatoire. Elle aidera à chasser
de vos muscles les résidus provenant de cet effort inhabituel. Elle vous rendra service également si ces douleurs ne sont pas le résultat d'un effort inhabituel, mais
l'effet d'un tempérament nerveux et spasmé.*

49. Cure d'automne

Pissenlit	50 g
Maïs (stigmates)	25 g
Bardane	50 g
Vigne rouge	50 g
Ortie piquante	50 g
Cynorrhodon	50 g
Réglisse	50 g
	325 g

Mode de préparation :

Mettre 4 cuillères à soupe du mélange de plantes
dans 1 litre d'eau froide. Porter à ébullition sans faire
bouillir, éteindre le feu et laisser infuser 10 minutes.
Filtrer et boire 1 grande tasse (1/4 de litre aux heures
indiquées).

Posologie :

1 tasse 3 fois par jour entre les repas.

*L'automne est toujours une dure saison. Il est diffi-
cile de reprendre le travail après avoir passé des vacances sans souci car l'organisme s'habitue mal au changement de rythme. C'est le moment de l'aider, à la fois
pour chasser l'encrassement résultant des trop bons
repas pris en vacances et pour le rendre plus résistant*

pour l'hiver. Cette tisane, à la fois diurétique, désintoxicante et revitalisante, grâce à la vitamine C qu'elle contient, vous aidera à faire cette transition sans trop de peine. Vous la ferez, bien sûr, en période de lune décroissante puisqu'il faut « nettoyer ». Complétez son action en remplaçant, un jour par semaine, l'ensemble de vos repas par du raisin, autant qu'il vous plaira, et vous serez en pleine forme.

Peau

50. Furoncles - Abcès

Dépurative - Assainissante - Désintoxicante

Bardane	50 g
Bouleau	50 g
Frêne.....................	50 g
Ményanthe	25 g
Pensée sauvage	25 g
Prêle	50 g
Thym	50 g
Violette	25 g
	325 g

Mode de préparation :

Mettre 4 cuillères à soupe du mélange de plantes dans 1 litre d'eau froide. Porter à ébullition. Faire bouillir 1 minute, éteindre le feu et laisser infuser 10 minutes. Filtrer et boire 1 grande tasse (1/4 de litre aux heures indiquées).

Posologie :

3 tasses par jour entre les repas.

Hélas ! cette rougeur et cette enflure douloureuse que vous ressentez depuis deux ou trois jours a bien l'air d'un furoncle et, encore hélas ! il semble bien que d'autres se préparent. Ils sont le signe d'un organisme dont les défenses sont amoindries et qui a tendance à s'auto-intoxiquer. Il est impératif de stimuler les émonctoires (tout ce qui dans votre organisme contribue à favoriser l'élimination des déchets) et la peau en fait partie. Cette tisane nettoiera votre organisme et accélérera la sortie des furoncles ou des abcès. Parallèlement, utilisez une des formules de cataplasmes conseillées dans la première partie du livre.

51. Eczéma

Calmante - Désensibilisante - Dépurative

Ortie blanche	50 g
Menthe douce	50 g
Pensée sauvage	50 g
Sauge	50 g
Sureau	50 g
Anis vert	50 g
Bouleau	50 g
	300 g

Mode de préparation :

Mettre 4 cuillères à soupe du mélange de plantes dans 1 litre d'eau froide. Porter à ébullition sans faire bouillir, éteindre le feu et laisser infuser 10 minutes.

Filtrer et boire 1 grande tasse (1/4 de litre aux heures indiquées).

Posologie :

3 tasses par jour entre les repas.

Cette tisane rééquilibrante du système nerveux est également désensibilisante et dépurative. Elle ne sera pas, à elle seule, suffisante pour stopper votre eczéma mais elle renforcera l'effet du traitement de fond que je vous donne, en favorisant les mécanismes d'élimination. Faites-en des cures régulières de 3 semaines, stoppez 15 jours et reprenez la cure, vous vous en trouverez bien.

52. Acné

Régularise la séborrhée
Assainit la peau en désintoxiquant l'organisme

Millefeuille	50 g
Pissenlit	50 g
Romarin	50 g
Pensée sauvage	25 g
Bardane	50 g
Vigne rouge	50 g
Réglisse	50 g
	325 g

Mode de préparation :

Mettre 4 cuillères à soupe du mélange de plantes dans 1 litre d'eau froide. Porter à ébullition. Faire bouillir 1 minute, éteindre le feu et laisser infuser

10 minutes. Filtrer et boire 1 grande tasse (1/4 de litre aux heures indiquées).

Posologie :

3 tasses par jour entre les repas.

Que votre acné soit « juvénile » ou non, cette tisane vous aidera à assainir votre peau. Elle régularise la séborrhée et, surtout, assainit la peau en désintoxiquant l'organisme. Pour les soins locaux, nettoyez les zones atteintes 2 fois par jour avec une lotion préparée en laissant infuser, pendant 10 minutes, 1 petite poignée de thym et de lavande dans 1/2 litre d'eau. Lotionnez généreusement et laissez sécher sans essuyer. (Ne conservez pas cette lotion plus de deux jours au réfrigérateur, elle perdrait ses propriétés antiseptiques.)

53. Psoriasis

Draine les toxines de l'organisme
Calme et rééquilibre les nerveux

Millefeuille	50 g
Pensée sauvage	25 g
Menthe poivrée	25 g
Bardane	50 g
Houblon	50 g
Anis	25 g
Bouleau	50 g
	375 g

Mode de préparation :

Mettre 4 cuillères à soupe du mélange de plantes

dans 1 litre d'eau froide. Porter à ébullition. Faire bouillir 1 minute, éteindre le feu et laisser infuser 10 minutes. Filtrer et boire 1 grande tasse (1/4 de litre aux heures indiquées).

Posologie :

3 tasses par jour entre les repas.

Le psoriasis est une maladie pour laquelle les traitements donnent des résultats très inconstants. Elle est, en général, réactivée assez facilement, chez les sujets nerveux ou anxieux, par des fatigues, des contrariétés ou des événements imprévus. Cette tisane vous aidera à mieux réagir à ce stress et favorisera l'épuration de l'organisme. Faites-la 15 jours par mois en période de lune décroissante.

54. Zona

Tisane désensibilisante - Dépurative et calmante

Houblon	50 g
Vigne rouge	50 g
Marjolaine	25 g
Pissenlit	50 g
Bardane	50 g
Queues de cerise	50 g
Réglisse	50 g
	325 g

Mode de préparation :

Mettre 4 cuillères à soupe du mélange de plantes dans 1 litre d'eau froide. Porter à ébullition. Faire

bouillir une minute, éteindre le feu et laisser infuser 10 minutes. Filtrer et boire 1 grande tasse (1/4 de litre aux heures indiquées).

Posologie :

1 tasse toutes les 2 heures dès le début des symptômes ou 3 tasses par jour entre les repas en cas de séquelles.

Dès les premiers symptômes du zona, faites-vous préparer cette tisane à la fois désensibilisante, dépurative et calmante, qui activera la guérison et limitera les séquelles. En complément, faites des compresses le long du trajet nerveux atteint avec des huiles essentielles selon la formule suivante : HE Lavande, HE Géranium, HE Romarin, HE Sauge, HE Thym — à 2 g alcool à 90° q.s.p. 60 ml. Pour l'utilisation, ajoutez 1 cuillère à soupe du mélange 1 cuillère à soupe d'eau et imbibez-en des compresses que vous poserez sur le zona. Renouvelez fréquemment jusqu'à ce que la douleur soit calmée.

55. Crevasses

Active la circulation
Adoucit et calme l'inflammation

Sauge	50 g
Mauve	25 g
Vigne rouge	50 g
Menthe douce	50 g
Citronnelle	25 g
Réglisse	50 g
	250 g

Mode de préparation :

Mettre 4 cuillères à soupe du mélange de plantes dans 1 litre d'eau froide. Porter à ébullition sans faire bouillir, éteindre le feu et laisser infuser 10 minutes. Filtrer et boire 1 grande tasse (1/4 de litre aux heures indiquées).

Posologie :

3 tasses par jour + lotion avec l'infusion sur les parties crevassées, 2 fois par jour.

Les crevasses apparaissent chez des sujets prédisposés ayant une mauvaise circulation dans les extrémités des membres. Cette tisane, tout en activant la circulation, aide à la cicatrisation et combat l'inflammation. Faites, en complément, une cure de magnésium et de comprimés d'algues pour apporter à votre organisme les oligo-éléments qui lui font défaut.

56. Engelures

Active la circulation des extrémités
Aide l'organisme à se défendre contre le froid

Millefeuille	50 g
Basilic	50 g
Bouillon blanc	50 g
Mauve	25 g
Romarin	50 g
Sauge	50 g
Thym	50 g
	325 g

Mode de préparation :

Mettre 4 cuillères à soupe du mélange de plantes dans 1 litre d'eau froide. Porter à ébullition sans faire bouillir, éteindre le feu et laisser infuser 10 minutes. Filtrer et boire 1 grande tasse (1/4 de litre aux heures indiquées).

Posologie :

3 tasses par jour entre les repas + compresses imprégnées de l'infusion sur les zones atteintes.

Les engelures et les crevasses apparaissent souvent chez les mêmes sujets prédisposés à un ralentissement de la circulation. Pour activer la disparition des engelures, ou éviter qu'elles n'apparaissent — si vous y êtes prédisposé — faites, 15 jours par mois, une cure de cette tisane. Vous hâterez la cicatrisation, en utilisant cette même tisane pour y baigner le bout de vos doigts ou pour en imbiber des compresses à garder 1/4 d'heure. Faites également une cure de magnésium et de comprimés d'algues ou de levure de bière.

57. Foie

**Stimule l'ensemble des fonctions hépatiques
pour mieux drainer les toxines - Dépurative**

Menthe douce	50 g
Romarin	50 g
Artichaut	50 g
Vigne rouge	50 g
Réglisse	50 g
Sureau	50 g
Pensée sauvage	25 g
	325 g

Mode de préparation :

Mettre 4 cuillères à soupe du mélange de plantes dans 1 litre d'eau froide. Porter à ébullition. Faire bouillir 1 minute, éteindre le feu et laisser infuser 10 minutes. Filtrer et boire 1 grande tasse (1/4 de litre aux heures indiquées).

Posologie :

1 tasse après les trois repas.

Un mauvais travail du foie se répercute très souvent au niveau de la peau. Vous savez fort bien que si vous mangez trop de chocolat, vous aurez des boutons ! Inutile d'aller chez un dermatologue, c'est de l'intérieur qu'il faut résoudre le problème. En stimulant l'ensemble des fonctions hépatiques pour mieux drainer les toxines, cette tisane vous aidera à retrouver une peau nette. Complétez avec une cure de levure de bière pour les vitamines du groupe B qu'elle contient.

58. Peau sèche

Reminéralisante - Tonifiante - Adoucissante

Gentiane	25 g
Millefeuille	50 g
Camomille romaine	50 g
Anis	25 g
Prêle	50 g
	175 g

Mode de préparation :

Mettre 4 cuillères à soupe du mélange de plantes dans 1 litre d'eau froide. Porter à ébullition. Faire bouillir 1 minute, éteindre le feu et laisser infuser 10 minutes. Filtrer et boire 1 grande tasse (1/4 de litre aux heures indiquées).

Posologie :

3 tasses par jour entre les repas.

Vous avez peut-être la peau sèche parce que vous êtes en période de fatigue et que vous êtes déminéralisé, votre état général se répercutant à ce niveau. Dans ce cas, cette tisane tonifiante, reminéralisante et adoucissante vous aidera à retrouver une peau souple. Faites, en complément, une cure de vitamines A et D, les vitamines des peaux déshydratées et dévitalisées, et appliquez de temps en temps le soir sur votre visage et votre corps de l'huile de germe de blé dont vous vous servirez pour masser doucement vos tissus. Essuyez le surplus avec un linge doux.

59. Peau grasse

Dépurative - Régularise la séborrhée

Bardane	50 g
Artichaut	50 g
Pensée sauvage	25 g
Citron	50 g
Vigne rouge	50 g
Genièvre	50 g
	275 g

Mode de préparation :

Mettre 4 cuillères à soupe du mélange de plantes dans 1 litre d'eau froide. Porter à ébullition. Faire bouillir 1 minute, éteindre le feu et laisser infuser 10 minutes. Filtrer et boire 1 grande tasse (1/4 de litre aux heures indiquées).

Posologie :

3 tasses par jour entre les repas + lotions 2 fois par jour sur les parties grasses.

La peau est un des moyens dont notre corps dispose pour éliminer ses toxines. Une peau grasse traduit souvent une difficulté pour se débarrasser des déchets. Aidez votre peau avec cette tisane dépurative qui régularisera, dans le même temps, l'excès de séborrhée. Cette formule présente l'avantage de pouvoir également être utilisée comme lotion assainissante sur les zones grasses. Pulvérisez sur le visage bien nettoyé et laissez sécher. Faites 2 fois par semaine un masque à l'argile.

60. Dartres

Désintoxicante - Adoucissante - Calmante

Pensée sauvage	25 g
Bardane	50 g
Artichaut	50 g
Mauve	25 g
Réglisse	50 g
	200 g

Mode de préparation :

Mettre 4 cuillères à soupe du mélange de plantes dans 1 litre d'eau froide. Porter à ébullition. Faire bouillir 1 minute, éteindre le feu et laisser infuser 10 minutes. Filtrer et boire 1 grande tasse (1/4 de litre aux heures indiquées).

Posologie :

3 tasses par jour entre les repas, et en lotion sur les dartres.

Les dartres qui apparaissent, en général, sur les peaux fines et sèches, exigent un traitement interne pour faciliter leur disparition. Celle-ci sera favorisée par une tisane désintoxicante, calmante et adoucissante. Utilisez-la également en pulvérisation, 2 fois par jour, sur le visage et laissez sécher sans essuyer.

61. Démangeaisons

Désintoxicante - Calmante
Stimulation des fonctions hépatiques

Pensée sauvage	25 g
Bardane	50 g
Pissenlit	50 g
Vigne rouge	50 g
Houblon	50 g
Lavande	50 g
Réglisse	50 g
	325 g

Mode de préparation :

Mettre 4 cuillères à soupe du mélange de plantes dans 1 litre d'eau froide. Porter à ébullition. Faire bouillir 1 minute, éteindre le feu et laisser infuser 10 minutes. Filtrer et boire 1 grande tasse (1/4 de litre aux heures indiquées).

Posologie :

3 tasses par jour entre les repas + en lotion sur les parties atteintes.

Les démangeaisons, lorsqu'elles ne sont pas causées par le contact avec un agent irritant ou par une piqûre d'insecte, signalent souvent un mauvais travail hépatique. Stimulez votre foie et désintoxiquez votre organisme grâce à cette tisane que vous utiliserez également en lotion sur les parties atteintes.

62. Urticaire (crise d')

Calmante - Désensibilisante - Désintoxicante

Romarin	50 g
Mauve	25 g
Lamier blanc	50 g
Sauge	50 g
Tilleul	50 g
Violette	25 g
	250 g

Mode de préparation :

Mettre 4 cuillères à soupe du mélange de plantes dans 1 litre d'eau froide. Porter à ébullition sans faire bouillir, éteindre le feu et laisser infuser 10 minutes. Filtrer et boire 1 grande tasse (1/4 de litre aux heures indiquées).

Posologie :

1 tasse toutes les 2 heures + compresses trempées dans cette infusion, à renouveler fréquemment, en applications locales.

Vous avez mangé des fraises et vous êtes aussi rouge qu'elles, ou bien vous êtes allergique au soleil et votre visage, votre décolleté vous démangent terriblement et sont couverts de boutons. C'est la crise d'urticaire aiguë à laquelle votre foie n'est sans doute pas étranger. Prenez vite cette tisane désensibilisante, désintoxicante et calmante pour que tout rentre dans l'ordre. N'hésitez pas à en boire 1 tasse toutes les 2 heures si c'est nécessaire pour régler ce problème au plus vite. Faites, en complément, des applications de compresses trempées dans cette tisane froide sur les parties atteintes pour calmer les démangeaisons.

Circulation

63. Varices

Stimule la circulation veineuse
Tonifie les parois des vaisseaux - Épure le sang

Millefeuille	50 g
Vigne rouge	50 g
Lamier blanc	50 g
Pissenlit	50 g
Anis	25 g
Chiendent	50 g
	275 g

Mode de préparation :

Mettre 4 cuillères à soupe du mélange de plantes dans 1 litre d'eau froide. Porter à ébullition. Faire bouillir 1 minute, éteindre le feu et laisser infuser 10 minutes. Filtrer et boire 1 grande tasse (1/4 de litre aux heures indiquées).

Posologie :

3 tasses par jour entre les repas.

Vous avez des varices et, malgré tous les traitements du monde, vos jambes ne redeviendront jamais comme avant. A défaut de réparer le mal, sachez éviter qu'il ne s'aggrave : pour stimuler votre circulation veineuse, tonifier les parois des vaisseaux sanguins et nettoyer votre sang, prenez cette tisane régulièrement pendant 15 jours. Pour renforcer l'action de ce drainage, faites cette cure en période de lune décroissante.

64. Ulcères variqueux

Millefeuille	50 g
Bouillon blanc	50 g
Lavande	50 g
Lamier blanc	50 g
Sauge	50 g
Sarriette	50 g
Verveine	25 g
	325 g

Mode de préparation :

Mettre 4 cuillères à soupe du mélange de plantes dans 1 litre d'eau froide. Porter à ébullition sans faire bouillir, éteindre le feu et laisser infuser 10 minutes.

Posologie :

Compresses trempées dans la préparation ci-dessus à renouveler plusieurs fois par jour.

Si vous avez un ulcère variqueux, faites le traitement de fond correspondant à la tisane n° 63 qui activera votre circulation veineuse. Faites également, pour cicatriser l'ulcère, des compresses trempées dans cette infusion. Grâce aux propriétés cicatrisantes, adoucissantes et antiseptiques des plantes qui la composent, vous ver-

rez peu à peu se reconstituer les tissus ulcérés et se refermer votre plaie. Faites ces compresses plusieurs fois par jour pendant au moins 1/2 heure et ayez de la patience. Vous obtiendrez les premiers résultats au bout d'une semaine environ.

65. Hémorroïdes

**Astringente - Stimule la circulation veineuse
Calme l'inflammation**

Fraisier	50 g
Lamier blanc	50 g
Millefeuille	50 g
Vigne rouge	50 g
Reine-des-prés	50 g
Anis	25 g
	275 g

Mode de préparation :

Mettre 4 cuillères à soupe du mélange de plantes dans 1 litre d'eau froide. Porter à ébullition sans faire bouillir, éteindre le feu et laisser infuser 10 minutes. Filtrer et boire 1 grande tasse (1/4 de litre aux heures indiquées).

Posologie :

1 tasse toutes les 2 heures en cas de crise aiguë. Sinon, 3 tasses par jour entre les repas.

Cette tisane vous sera indispensable aussi bien pour prévenir une crise d'hémorroïdes que pour aider à la calmer. Les femmes ayant des crises d'hémorroïdes liées à la période des règles les éviteront si elles sont prévoyantes en faisant, dix jours avant leurs prochaines règles, une cure de cette tisane à raison de 3 tasses par jour. D'une manière générale, surveillez votre transit intestinal, hémorroïdes et constipation étant souvent liées.

66. Artères

***Stimule la circulation artérielle et l'organisme
Calme les spasmes***

Ortie blanche	50 g
Millefeuille	50 g
Sauge	50 g
Marjolaine	25 g
Bigaradier	50 g
Romarin	50 g
Oranger	50 g
	325 g

Mode de préparation :

Mettre 4 cuillères à soupe du mélange de plantes dans 1 litre d'eau froide. Porter à ébullition sans faire bouillir, éteindre le feu et laisser infuser 10 minutes. Filtrer et boire 1 grande tasse (1/4 de litre aux heures indiquées).

Posologie :

3 tasses par jour entre les repas.

Si votre circulation artérielle laisse à désirer, prenez régulièrement cette tisane. Les plantes qui la compo-

sent, outre leur action vaso-dilatatrice sur les parois des vaisseaux, ont une action antispasmodique certaine et accélèrent le métabolisme des graisses, empêchant les dépôts de cholestérol. Prenez-la aussi à titre préventif.

67. Palpitations

Calmante et antispasmodique
Régularise la circulation artérielle

Mélisse	25 g
Camomille	25 g
Bigaradier	50 g
Lavande	50 g
Menthe douce	50 g
Millefeuille	50 g
Oranger	50 g
	300 g

Mode de préparation :

Mettre 4 cuillères à soupe du mélange de plantes dans 1 litre d'eau froide. Porter à ébullition sans faire bouillir, éteindre le feu et laisser infuser 10 minutes. Filtrer et boire 1 grande tasse (1/4 de litre aux heures indiquées).

Posologie :

3 tasses par jour entre les repas.

Vous avez de temps en temps l'impression que votre cœur s'affole et cela vous angoisse car vous redoutez un problème cardiaque. Il y a de fortes chances pour que ce soit nerveux. Vous entrez alors dans un cercle vicieux car l'angoisse déclenchée par cette peur ne fait qu'aggraver vos palpitations. Il faut, avant tout, calmer le système nerveux et régulariser les spasmes. C'est ce que fera cette tisane rééquilibrante.

68. Dysménorrhée
(règles irrégulières et douloureuses)

Régularise les cycles
et calme les crampes menstruelles

Vigne rouge	50 g
Millefeuille	50 g
Lamier blanc	50 g
Sauge	50 g
Origan	50 g
Oranger	50 g
	300 g

Mode de préparation :

Mettre 4 cuillères à soupe du mélange de plantes dans 1 litre d'eau froide. Porter à ébullition sans faire bouillir, éteindre le feu et laisser infuser 10 minutes. Filtrer et boire 1 grande tasse (1/4 de litre aux heures indiquées).

Posologie :

En cure : une semaine avant les règles, 3 tasses par jour entre les repas.

Ou, pendant les règles, 1 tasse toutes les 2 heures en cas de crise.

Ce terme barbare concerne aussi bien l'irrégularité des règles que les douleurs qu'elles déclenchent. Cette formule régularisera votre cycle et empêchera ces douleurs si vous la prenez à titre préventif une semaine à dix jours avant les règles. Vous pouvez aussi — car c'est un excellent régulateur du cycle — enrichir cette tisane de 50 graines de fleurs de souci que vous vous procurerez sans peine. En cas de crise douloureuse pendant les règles, vous pouvez augmenter le rythme jusqu'à 1 tasse toutes les heures.

69. Aménorrhée
(règles absentes ou irrégulières)

Favorise les règles
Régularise le cycle - Décongestionne

Millefeuille	50 g
Lamier blanc	50 g
Marjolaine	50 g
Sauge	50 g
Oranger	50 g
Houblon	50 g
	300 g

Mode de préparation :

Mettre 4 cuillères à soupe du mélange de plantes dans 1 litre d'eau froide. Porter à ébullition sans faire bouillir, éteindre le feu et laisser infuser 10 minutes. Filtrer et boire 1 grande tasse (1/4 de litre aux heures indiquées).

3 tasses par jour entre les repas, pendant 15 jours par mois avant les règles.

Ces plantes sont très efficaces pour favoriser les règles absentes ou irrégulières. Elles ont, en outre, une action décongestionnante sur les organes génitaux, à condition de les utiliser préventivement, en cure, environ quinze jours avant la date prévue des règles. Si cette tisane n'est pas tout à fait suffisante, complétez-la par des fleurs de souci 50 g, de l'armoise 50 g, ainsi que du marrube blanc et de l'alchemille 50 g. Prenez aussi du zinc en oligo-éléments, 1 ampoule le matin à jeun, en cure de 15 jours.

70. Ménorragie
(Hémorragies entre les règles et règles trop abondantes)

Régularise le cycle
Diminue les règles - Reminéralise l'organisme

Lamier blanc	50 g
Prêle	50 g
Camomille	50 g
Mauve	25 g
Sauge	25 g
Ortie piquante	50 g
Ronce	50 g
	300 g

Mode de préparation :

Mettre 4 cuillères à soupe du mélange de plantes

dans 1 litre d'eau froide. Porter à ébullition. Faire bouillir 1 minute, éteindre le feu et laisser infuser 10 minutes. Filtrer et boire 1 grande tasse (1/4 de litre aux heures indiquées).

Posologie :

3 tasses par jour pendant la semaine qui précède les règles, ou 1 litre par jour pendant les règles.

Il s'agit là des règles trop abondantes ou des hémorragies qui peuvent survenir en dehors du cycle. L'idéal est de faire un traitement de régulation, avant les règles, en général pendant les deux semaines qui précèdent. Dans ce cas, cette tisane régularisera le cycle et évitera les hémorragies tout en combattant l'affaiblissement qui peut résulter d'une trop grande perte de sang, ceci grâce à la prêle et à ses propriétés reminéralisantes. Ce traitement préventif est à suivre pendant au moins trois mois. Si vous n'avez pas pu le faire, vous régulariserez tout de même le flux menstruel en prenant cette tisane pendant les règles.

71. Congestion des organes féminins

Syndrome prémenstruel - Décongestionne - Calme Combat l'œdème

Bardane (racine)	50 g
Chiendent (racine)	50 g
Lamier blanc	50 g
Mélisse	25 g
Pensée sauvage	25 g
Camomille	25 g
Millefeuille	50 g
Ronce	50 g
	325 g

Mode de préparation :

Mettre 4 cuillères à soupe du mélange de plantes dans 1 litre d'eau froide. Porter à ébullition. Faire bouillir 1 minute, éteindre le feu et laisser infuser 10 minutes. Filtrer et boire 1 grande tasse (1/4 de litre aux heures indiquées).

Posologie :

3 tasses par jour entre les repas.

Certaines femmes ont la désagréable impression de « gonfler » pendant la semaine qui précède les règles. Elles sont généralement soulagées ensuite mais peuvent parfois garder, chaque mois, quelques centaines de grammes qui, petit à petit, entraînent une réelle surcharge de poids. Cette tisane leur conviendra car elle est à la fois calmante et décongestionnante. Elle évite aussi la rétention d'eau.

72. Ménopause

Favorise la circulation - Régularise le cycle
Combat vertiges et bouffées de chaleur

Millefeuille	50 g
Sauge	50 g
Cassis	50 g
Marjolaine	50 g
Vigne rouge	50 g
Houblon	50 g
Anis	25 g
	325 g

Mode de préparation :

Mettre 4 cuillères à soupe du mélange de plantes dans 1 litre d'eau froide. Porter à ébullition sans faire bouillir, éteindre le feu et laisser infuser 10 minutes. Filtrer et boire 1 grande tasse (1/4 de litre aux heures indiquées).

Posologie :

3 tasses par jour entre les repas, 3 semaines par mois.

Cette formule est élaborée pour combattre les troubles qui précèdent ou accompagnent la ménopause, particulièrement ceux provenant d'une circulation défectueuse et d'un mauvais état nerveux. Elle permet de régulariser le cycle, réduire les vertiges et les bouffées de chaleur, faciliter la digestion et calmer les états de tension nerveuse. Elle est à prendre de manière régulière en alternant parfois avec la formule qui suit et qui est plus directement appropriée aux bouffées de chaleur.

73. Bouffées de chaleur

**Calmante - Régularise la circulation du sang
Combat les bouffées de chaleur**

Vigne rouge	50 g
Sauge	50 g
Millefeuille	50 g
Genièvre	50 g
Cassis	50 g
Marjolaine	50 g
Menthe poivrée	25 g
	325 g

Mode de préparation :

Mettre 4 cuillères à soupe du mélange de plantes dans 1 litre d'eau froide. Porter à ébullition. Faire bouillir 1 minute, éteindre le feu et laisser infuser 10 minutes. Filtrer et boire 1 grande tasse (1/4 de litre aux heures indiquées).

Posologie :

3 tasses par jour entre les repas.

Rien de plus éprouvant, à la fois sur le plan nerveux et sur le plan physique, que ces bouffées de chaleur qui surviennent n'importe quand et entraînent une abondante transpiration. Cette formule rééquilibrante est spécialement adaptée à ce problème grâce à ses propriétés calmantes et son action sur le système neurovégétatif. Si les bouffées de chaleur persistent, il faudra alors penser à la sympathicothérapie qui est d'un réel secours pour les troubles accompagnant la ménopause.

74. Hypertension

Tisane hypotensive - Antispasmodique
Régulatrice de la tension artérielle

Olivier	50 g
Bourrache	50 g
Queues de cerise	50 g
Millefeuille	50 g
Marjolaine	25 g
Oranger	50 g
	275 g

Mode de préparation :

Mettre 4 cuillères à soupe du mélange de plantes dans 1 litre d'eau froide. Porter à ébullition. Faire bouillir 1 minute, éteindre le feu et laisser infuser 10 minutes. Filtrer et boire 1 grande tasse (1/4 de litre aux heures indiquées).

Posologie :

3 tasses par jour entre les repas.

Cette formule s'applique particulièrement bien aux hypertensions « nerveuses », celles que l'on constate alors qu'il n'y a rien aux examens, aucun signe de lésion du système cardiaque et artériel. Elle agit comme antispasmodique, calmante et régulatrice de la circulation artérielle. Elle convient également aux hypertensions accompagnant les états prédiabétiques. Elle est à prendre d'une manière très régulière, de préférence en période de lune décroissante.

75. Artériosclérose

Désintoxicante - Dépurative - Régularise la circulation artérielle - Combat les dépôts sanguins

Artichaut	50 g
Bardane	50 g
Frêne	50 g
Olivier	50 g
Pensée sauvage	25 g
Verveine	25 g
Écorce de citron	50 g
Millefeuille	50 g
	350 g

Mode de préparation :

Mettre 4 cuillères à soupe du mélange de plantes dans 1 litre d'eau froide. Porter à ébullition. Faire bouillir 1 minute, éteindre le feu et laisser infuser 10 minutes. Filtrer et boire 1 grande tasse (1/4 de litre aux heures indiquées).

Posologie :

3 tasses par jour entre les repas.

Cette tisane est, avant tout, désintoxicante et dépurative. Elle permet de régulariser la circulation artérielle et d'éviter les dépôts de cholestérol et autres facteurs d'artériosclérose. Elle sera une aide précieuse dans le cadre d'un traitement de fond. Parallèlement à ce traitement, vous surveillerez votre régime et éliminerez de votre alimentation les graisses (en particulier les graisses animales), les sucres raffinés, et vous surveillerez votre consommation de sel.

76. Saignements de nez fréquents

Reminéralisante
Hémostatique - Combat la fragilité capillaire

Prêle	100 g
Ortie piquante	50 g
Sauge	50 g
Millefeuille	50 g
	250 g

Mode de préparation :

Mettre 4 cuillères à soupe du mélange de plantes dans 1 litre d'eau froide. Porter à ébullition sans faire bouillir, éteindre le feu et laisser infuser 10 minutes. Filtrer et boire 1 grande tasse (1/4 de litre aux heures indiquées).

Posologie :

2 tasses par jour en cure de 21 jours. On peut aussi en imprégner un bâtonnet que l'on met dans la narine au moment des saignements.

Certaines personnes sont sujettes à des saignements de nez fréquents. Si elles ont des problèmes d'hypertension, ce peut être une soupape de sécurité qui évite des accidents plus graves. Ces saignements surviennent aussi, souvent, pendant l'adolescence sans qu'on puisse en déceler la cause. Dans tous les cas, ils signalent une fragilité des capillaires sanguins. Cette formule est destinée à la combattre tout en reminéralisant l'organisme et en renforçant le pouvoir de coagulation du sang. (Pour arrêter le saignement, prendre une « prise » de poudre de prêle, en l'aspirant fortement par la narine qui saigne.)

77. Enflure chevilles, pieds, jambes

Bouleau	50 g
Cassis	50 g
Frêne.....................	50 g
Pariétaire	50 g
Prêle	50 g
Romarin	50 g
Genièvre..................	50 g
Reine-des-prés	50 g
	400 g

Mode de préparation :

Mettre 4 cuillères à soupe du mélange de plantes dans 1 litre d'eau froide. Porter à ébullition sans faire bouillir, éteindre le feu et laisser infuser 10 minutes. Filtrer et boire 1 grande tasse (1/4 de litre aux heures indiquées).

Posologie :

1 tasse le matin à jeun + 2 tasses dans la journée entre les repas.

Cette tisane très diurétique permet de remédier à l'œdème des jambes en favorisant le travail des reins et en stimulant la circulation veineuse. Si votre œdème apparaît dès le matin et que vous avez aussi les yeux bouffis, faites vérifier l'état de vos reins. Si vous êtes plutôt enflé en fin de journée, c'est sûrement le signe d'une circulation de retour déficiente. D'une manière générale, faites votre auto-critique : peut-être ne buvez-vous pas assez en dehors des repas (au moins un litre et demi par jour). Les manœuvres de drainage lymphatique peuvent aussi vous aider.

78. Phlébites

Décongestionne
Épure le sang - Régularise la circulation

Vigne rouge	50 g
Lamier blanc	50 g
Verveine odorante	25 g
Menthe poivrée............	25 g
Bouleau	50 g
Queues de cerise...........	50 g
Bardane	50 g
	300 g

Mode de préparation :

Mettre 4 cuillères à soupe du mélange de plantes dans 1 litre d'eau froide. Porter à ébullition. Faire bouillir 1 minute, éteindre le feu et laisser infuser 10 minutes. Filtrer et boire 1 grande tasse (1/4 de litre aux heures indiquées).

Posologie :

1 tasse toutes les 2 heures dès les premiers symptômes.

Les phlébites sont des accidents de la circulation veineuse extrêmement graves puisqu'il se forme un caillot à l'intérieur d'une veine, qui peut provoquer une embolie. Les risques de phlébites sont augmentés chez les personnes souffrant d'une mauvaise circulation veineuse dans le cas d'une immobilisation prolongée : accouchement, intervention chirurgicale. Une insuffisance cardiaque, l'obésité, les varices, une vitesse de sédimentation élevée sont des facteurs prédisposants. Si vous êtes dans ce cas, faites d'une manière régulière une cure de cette tisane. Employez-la également à titre curatif pour éviter les séquelles.

Cheveux

79. Alopécie (chute de cheveux)

Bardane	....	50 g
Lamier blanc	....	50 g
Romarin	....	50 g
Sauge	....	50 g
Thym	....	50 g
		250 g

Mode de préparation :

Mettre la moitié du mélange de plantes à macérer pendant 10 jours dans 1/2 litre d'alcool à 90° puis filtrer en pressant les plantes. Conserver bien bouché.

Posologie :

1 friction matin et soir sur le cuir chevelu.

La chute des cheveux, alopécie en terme savant, est bien souvent, chez les hommes, une prédisposition héréditaire. Elle peut cependant frapper aussi bien les hommes que les femmes à l'occasion d'une grosse fatigue, d'un stress ou d'une déminéralisation latente. Pour l'enrayer, vous préparerez cette lotion avec laquelle vous vous frictionnerez le cuir chevelu deux fois par jour. Vous ferez suivre cette friction d'un massage de la totalité du crâne, avec la pulpe des doigts, largement écartés, ceci afin de stimuler localement la circulation, pour une bonne irrigation du bulbe pileux.

80. Cheveux gras

Gentiane	50 g
Lamier blanc	50 g
Romarin	50 g
Bardane	50 g
	200 g

Mode de préparation :

Usage externe : faire macérer pendant 10 jours la moitié du mélange de plantes dans 1/2 litre d'alcool à 60°.

Posologie :

Frictions biquotidiennes sur le cuir chevelu.

Pour débarrasser le cuir chevelu de l'excès de sébum, vous utiliserez 2 fois par jour, en friction, cette lotion assainissante et tonifiante. Appliquez-la, raie par raie, sur le cuir chevelu de manière à éliminer la séborrhée et favoriser une bonne oxygénation du bulbe pileux, littéralement asphyxié par l'excès de gras. Procédez également à un massage doux de l'ensemble du crâne en essayant de décoller la peau. Vous devez ressentir une impression de chaleur et de cuisson locale. Cheveux gras et chute des cheveux vont souvent de pair, cette lotion convient donc à l'un comme à l'autre.

81. Cheveux secs

Mauve	25 g
Sureau	50 g
Tilleul	25 g
Romarin	50 g
	150 g

Mode de préparation :

Faire macérer pendant 10 jours dans 1/4 de litre d'huile d'amande douce.

Posologie :

1 fois par semaine, 1/2 heure avant ou, mieux, la veille du shampooing, imprégner les cheveux de cette huile en massant bien pour faire pénétrer.

Cheveux secs, déminéralisation et fatigue vont souvent ensemble. Vous aurez un bien meilleur résultat local si vous faites également en complément un traitement de fond : levure de bière vivante, comprimés d'algues, lécithine de soja, oligo-éléments soufre et zinc... Appliquez cette huile nourrissante directement sur le cuir chevelu si vous avez à la fois cheveux secs et pellicules, puis imprégnez les longueurs en peignant soigneusement. Si seuls les bouts des cheveux sont secs, appliquez l'huile uniquement sur les pointes. Utilisez-la aussi à la mer avant le bain pour protéger vos cheveux.

82. Pellicules

Houblon	50 g
Lamier blanc	50 g
Romarin	50 g
Sauge	50 g
Serpolet	50 g
	250 g

Mode de préparation :

Légère décoction, puis macération pendant 4 heures. Conservation pendant une semaine en flacon bien bouché.

Posologie :

1 friction journalière.

Vous éliminerez vos pellicules et assainirez votre cuir chevelu grâce à cette lotion que vous préparerez une fois par semaine et conserverez au réfrigérateur pour éviter qu'elle ne s'altère. Procédez également à un massage du cuir chevelu en décollant la peau du crâne dans un premier temps, puis en massant l'ensemble de la tête avec la pulpe des doigts écartés de manière à provoquer localement une meilleure circulation. Pensez à compléter par un traitement de fond reminéralisant : prêle, oligo-éléments, levure de bière, algues...

Fièvre

83. Angine

Antiseptique - Fébrifuge - Décongestionnante
Adoucissante - Tonique (vitamine C)

Cynorrhodon	50 g
Thym	50 g
Ronce	50 g
Mauve	25 g
Écorce de citron	50 g
Bouillon blanc	50 g
	275 g

Mode de préparation :

Mettre 4 cuillères à soupe du mélange de plantes dans 1 litre d'eau froide. Porter à ébullition sans faire bouillir, éteindre le feu et laisser infuser 10 minutes. Filtrer et boire 1 grande tasse (1/4 de litre aux heures indiquées).

Posologie :

1 tasse toutes les 2 heures.

Vous hâterez la guérison de votre angine grâce à cette tisane qui, tout en combattant la fièvre, aidera l'élimination des germes et des toxines, adoucira et décongestionnera votre gorge. Complétez l'apport de vitamine C en buvant, aussi souvent que vous en éprouvez le besoin, des jus de citron additionnés d'eau tiède et sucrés au miel de thym.

84. Mal de gorge

Décongestionnante
Calmante - Adoucissante - Sudorifique

Ronce	50 g
Bourrache	50 g
Thym	50 g
Guimauve	50 g
Écorce de citron	50 g
Sureau	50 g
	300 g

Mode de préparation :

Mettre 4 cuillères à soupe du mélange de plantes dans 1 litre d'eau froide. Porter à ébullition sans faire bouillir, éteindre le feu et laisser infuser 10 minutes. Filtrer et boire 1 grande tasse (1/4 de litre aux heures indiquées).

Posologie :

1 tasse toutes les 2 heures en cas de douleur aiguë, sinon 3 tasses par jour.

Pour un mal de gorge moins aigu qu'une angine, cette tisane décongestionnante, calmante et adoucissante est parfaite. En favorisant la sudation, elle aide aussi l'organisme à se débarrasser des toxines et des germes nocifs. Sucrez-la au miel et buvez abondamment. Pour calmer la douleur, appliquez aussi sur la gorge des feuilles de chou ou un cataplasme de poireau cuit dans du lait.

85. Grippe

Sudorifique - Fébrifuge - Anti-infectieuse

Cynorrhodon	50 g
Thym	50 g
Sureau	50 g
Bourrache	50 g
Bourgeons de sapin	25 g
Écorce de citron	50 g
	275 g

Mode de préparation :

Mettre 4 cuillères à soupe du mélange de plantes dans 1 litre d'eau froide. Porter à ébullition sans faire bouillir, éteindre le feu et laisser infuser 10 minutes. Filtrer et boire 1 grande tasse (1/4 de litre aux heures indiquées).

Posologie :

1 tasse toutes les 2 heures les premiers jours, puis 3 tasses par jour.

Pour accélérer la guérison d'une grippe, trois impératifs : favoriser la sudation pour mieux éliminer les toxines, combattre la fièvre et aider l'organisme à se défendre contre l'invasion virale. Cette tisane possède ces trois propriétés, plus celle d'assainir les voies respiratoires. Faites toujours en complément, pour renforcer les défenses de votre organisme contre les éléments infectieux, une cure de vitamine C qui a, de plus, des propriétés anti-fatigue et anti-stress : jus de citron et d'orange, tablette de cynorrhodon, jus d'argousier ou de myrtilles.

86. Fièvres éruptives
(rougeole, rubéole...)

Fait « sortir » l'éruption
Sudorifique - Fébrifuge - Décongestionnante

Bourrache	50 g
Sureau	50 g
Cynorrhodon	50 g
Mauve	25 g
Lierre terrestre	50 g
Mélisse	25 g
Sauge	50 g
Violette	25 g
Tilleul	50 g
	375 g

Mode de préparation :

Mettre 4 cuillères à soupe du mélange de plantes dans 1 litre d'eau froide. Porter à ébullition. Faire bouillir 1 minute, éteindre le feu et laisser infuser 10 minutes. Filtrer et boire 1 grande tasse (1/4 de litre aux heures indiquées).

Posologie :

1 tasse toutes les heures, pour faciliter l'éruption le premier jour, puis 3 tasses par jour.

La guérison de toutes les fièvres éruptives de l'enfance, de même que celle des oreillons, est accélérée par cette tisane qui fait « sortir » l'éruption plus rapidement. A la fois sudorifique et décongestionnante, elle aide à combattre l'état nerveux découlant de l'éruption. Elle n'est pas réservée qu'aux enfants. Les adultes s'en trouveront bien également, en particulier pour le trai-

*tement des oreillons qui, chez les hommes, sont graves
et peuvent laisser des séquelles.*

87. Coqueluche

Bouillon blanc	50 g
Lierre terrestre	50 g
Lamier blanc	50 g
Mauve	25 g
Marjolaine	25 g
Thym	50 g
Violette	25 g
Basilic	50 g
	325 g

Mode de préparation :

Mettre 4 cuillères à soupe du mélange de plantes
dans 1 litre d'eau froide. Porter à ébullition. Faire
bouillir 1 minute, éteindre le feu et laisser infuser
10 minutes. Filtrer et boire 1 grande tasse (1/4 de litre
aux heures indiquées).

Posologie :

1 tasse toutes les heures, ou au rythme des quintes.

*Pour diminuer la fréquence des quintes de toux, cal-
mer l'enfant et adoucir sa gorge tout en facilitant l'expectoration, vous donnerez à votre enfant, au rythme
des quintes de toux, 1 tasse de cette tisane fortement
sucrée au miel. Grâce aux propriétés antispasmodiques
du basilic, de la marjolaine et du thym, vous verrez
peu à peu les quintes diminuer en longueur et en fré-*

quence, et votre enfant, soulagé, récupérera beaucoup plus vite ses forces.

88. Toux

Expectorante - Adoucissante
Calmante - Antiseptique

Mauve	25 g
Violette	25 g
Hysope	50 g
Bourgeons de sapin	25 g
Eucalyptus	25 g
Lierre terrestre	50 g
Écorce de citron	50 g
	250 g

Mode de préparation :

Mettre 4 cuillères à soupe du mélange de plantes dans 1 litre d'eau froide. Porter à ébullition. Faire bouillir 1 minute, éteindre le feu et laisser infuser 10 minutes. Filtrer et boire 1 grande tasse (1/4 de litre aux heures indiquées).

Posologie :

1 tasse toutes les 2 heures ou au rythme des quintes de toux.

Que vous souffriez d'une toux d'irritation (chez les fumeurs) ou d'une toux accompagnant un rhume, vous serez soulagé en prenant, 3 fois par jour (pour une toux chronique) ou toutes les heures (pour un refroidissement), une tasse de cette tisane sucrée au miel. Elle est à la fois calmante, adoucissante, antiseptique et elle favorise l'expectoration. Vous pouvez aussi l'utiliser en gargarisme lorsque la toux s'accompagne d'un mal de gorge ou d'inflammation des amygdales.

89. Bronchite

Fluidifie les sécrétions - Antiseptique - Calmante - Décongestionnante

Eucalyptus	25 g
Bourgeon de sapin	25 g
Lavande	50 g
Thym	50 g
Bouillon blanc	50 g
Écorce de citron	50 g
	250 g

Mode de préparation :

Mettre 4 cuillères à soupe du mélange de plantes dans 1 litre d'eau froide. Porter à ébullition sans faire bouillir, éteindre le feu et laisser infuser 10 minutes. Filtrer et boire 1 grande tasse (1/4 de litre aux heures indiquées).

Posologie :

3 à 4 tasses par jour entre les repas.

Vous utiliserez cette tisane différemment selon que votre bronchite est chronique ou aiguë. Pour une bronchite aiguë, vous la prendrez, à raison d'1 petite tasse toutes les heures, afin de faire baisser la fièvre, calmer et fluidifier les sécrétions, tout en combattant l'infection. Pour une bronchite chronique, vous en prendrez 1 tasse sucrée au miel de thym, dès le réveil, et

3 tasses dans la journée entre les repas, pour faciliter l'évacuation des mucosités et dégager les bronches. Dans les deux cas, faites, en complément, une cure d'oligo-éléments : cuivre et cuivre-or-argent.

90. Coup de froid

Fébrifuge - Antiseptique - Décongestionnante

Cynorrhodon	50 g
Thym	50 g
Sureau	50 g
Citronnelle	50 g
Cassis	50 g
Écorce de citron	50 g
	300 g

Mode de préparation :

Mettre 4 cuillères à soupe du mélange de plantes dans 1 litre d'eau froide. Porter à ébullition sans faire bouillir, éteindre le feu et laisser infuser 10 minutes. Filtrer et boire 1 grande tasse (1/4 de litre aux heures indiquées).

Posologie :

3 à 4 tasses par jour.

Vous devriez toujours avoir cette tisane dans votre pharmacie familiale car elle est à utiliser dès les premiers symptômes de refroidissement ou de grippe. La vitamine C contenue dans le cynorrhodon et l'écorce de citron aide l'organisme à lutter, cependant que le thym, sureau, citronnelle et cassis apportent leurs propriétés fébrifuges et antiseptiques et facilitent l'élimina-

tion des toxines engendrées par le coup de froid. Prenez, en complément, de la vitamine C naturelle sous forme de jus de citron additionné d'eau chaude sucrée au miel de thym, au moins 2 fois par jour.

91. Asthme

Décongestionnante - Antispasmodique - Calmante

Lavande	50 g
Marjolaine	25 g
Hysope	50 g
Eucalyptus	25 g
Bourgeons de pin	25 g
Écorce de citron	50 g
	225 g

Mode de préparation :

Mettre 4 cuillères à soupe du mélange de plantes dans 1 litre d'eau froide. Porter à ébullition sans faire bouillir, éteindre le feu et laisser infuser 10 minutes. Filtrer et boire 1 grande tasse (1/4 de litre aux heures indiquées).

Posologie :

3 tasses par jour entre les repas.

Vous prendrez cette tisane soit préventivement, si vous êtes dans une période où vous craignez le déclenchement de crises, à raison de 3 tasses par jour entre les repas, soit pendant la crise, à plusieurs reprises jusqu'au retour au calme. Cette tisane agit grâce à ses propriétés calmantes et surtout antispasmodiques. Elle régularise l'impression d'oppression thoracique. Chez certaines personnes, l'asthme est lié à des problèmes digestifs (ballonnements, digestions lentes) ou à des problèmes de mauvaise élimination rénale ou hépatique (calculs, lithiase...). Dans ce cas, il convient d'associer à la tisane pour l'asthme une tisane correspondant à ce problème. Prenez un jour l'une, un jour l'autre.

92. Rhume des foins

Désensibilisante - Dépurative - Antiseptique

Bardane	50 g
Bruyère	50 g
Lierre terrestre	50 g
Prêle	50 g
Romarin	50 g
Sauge	50 g
Thym	50 g
Basilic	50 g
	400 g

Mode de préparation :

Mettre 4 cuillères à soupe du mélange de plantes dans 1 litre d'eau froide. Porter à ébullition. Faire bouillir 1 minute, éteindre le feu et laisser infuser 10 minutes. Filtrer et boire 1 grande tasse (1/4 de litre aux heures indiquées).

Posologie :

3 tasses par jour après les repas. En cure pendant la période d'allergie.

La prédisposition au rhume des foins est le signe des tempéraments allergiques, éliminant mal leurs déchets organiques. Cette tisane, sans régler globalement le problème de votre rhume des foins, permettra néanmoins, grâce à ses propriétés désensibilisantes et dépuratives, de diminuer la fréquence et l'ampleur des crises. Prenez aussi l'habitude d'avoir toujours sur vous un petit flacon d'huile essentielle d'estragon que vous respirerez fréquemment pendant les crises. Des recherches récentes viennent de démontrer que l'essence d'estragon possédait des propriétés anti-allergiques et antihistaminiques précieuses.

93. Sinusite

Antiseptique - Décongestionnante - Calmante

Thym	50 g
Hysope	50 g
Sarriette	50 g
Origan	50 g
Eucalyptus	25 g
Lavande	50 g
Basilic	50 g
	325 g

Mode de préparation :

Mettre 4 cuillères à soupe du mélange de plantes dans 1 litre d'eau froide. Porter à ébullition sans faire bouillir, éteindre le feu et laisser infuser 10 minutes. Filtrer et boire 1 grande tasse (1/4 de litre aux heures indiquées).

2 inhalations par jour + 3 tasses d'infusion entre les repas.

Cette formule a l'avantage de pouvoir s'utiliser aussi bien par voie interne (3 tasses d'infusion entre les repas par jour) que par voie externe sous forme d'inhalation à faire 2 fois par jour. Dans les deux cas, vous bénéficierez de ses propriétés antiseptiques, particulièrement au niveau des voies respiratoires et de son action calmante et décongestionnante. Le traitement de la sinusite est une des grandes réussites de la sympathicothérapie là où tous les traitements avaient jusqu'alors échoué, surtout si cette méthode est associée à l'aromathérapie.

94. Bronchite chronique

Calmante - Antiseptique
Adoucissante - Fluidifie les sécrétions

Citronnelle	50 g
Thym	50 g
Lavande	50 g
Bouillon blanc	50 g
Mauve	25 g
Violette	25 g
Écorce de citron	50 g
	300 g

Mode de préparation :

Mettre 4 cuillères à soupe du mélange de plantes dans 1 litre d'eau froide. Porter à ébullition sans faire

bouillir, éteindre le feu et laisser infuser 10 minutes. Filtrer et boire 1 grande tasse (1/4 de litre aux heures indiquées).

Posologie :

3 tasses par jour entre les repas ou 1 tasse toutes les 2 heures en période de crise.

Cette recette convient aux personnes ayant une bronchite chronique avec des voies respiratoires particulièrement encombrées. Elle est à préférer dans ce cas à la tisane n° 89. Elle fluidifie les sécrétions et facilite l'expectoration tout en apportant ses propriétés calmantes et adoucissantes. Vous la prendrez à raison d'une tasse au réveil de manière à désencombrer les bronches, puis à raison de 3 autres tasses entre les repas.

95. Extinction de voix

Thym	50 g
Mauve	25 g
Ronce	50 g
Hibiscus	50 g
Cynorrhodon	50 g
Écorce de citron	50 g
	275 g

Mode de préparation :

Mettre 4 cuillères à soupe du mélange de plantes dans 1 litre d'eau froide. Porter à ébullition sans faire bouillir, éteindre le feu et laisser infuser 10 minutes.

Filtrer et boire 1 grande tasse (1/4 de litre aux heures indiquées).

Posologie :

1 tasse toutes les 2 heures, en crise, ou 3 tasses par jour entre les repas.

Que l'extinction de voix soit due à un refroidissement, une fatigue des cordes vocales (chanteur) ou à une irritation (fumeur), cette tisane, grâce à ses propriétés adoucissantes et décongestionnantes, permettra de retrouver la voix. Pour les extinctions de voix inopinées, il faudra prendre 1 tasse adoucie au miel de thym ou de lavande toutes les 2 heures. Pour les problèmes chroniques, 3 tasses par jour, de manière régulière, suffiront.

Migraines

96. Migraines
(sans cause apparente)

Calmante - Digestive
Décongestionnante - Sédatif du système nerveux

Mélisse	25 g
Houblon	50 g
Millefeuille	50 g
Camomille romaine	25 g
Reine-des-prés	50 g
Roses pâles	50 g
Ményanthe	25 g
Réglisse	50 g
	325 g

Mode de préparation :

Mettre 4 cuillères à soupe du mélange de plantes dans 1 litre d'eau froide. Porter à ébullition sans faire bouillir, éteindre le feu et laisser infuser 10 minutes. Filtrer et boire 1 grande tasse (1/4 de litre aux heures indiquées).

Posologie :

1 tasse toutes les heures en cas de crise ou 3 tasses par jour pour migraines chroniques.

Les migraines prennent des formes multiples et ont des causes diverses selon les individus. Parmi les quatre formules proposées, vous choisirez celle qui s'applique le mieux à votre cas. Celle-ci est à utiliser lorsque la migraine survient sans cause apparente identifiable.

Elle est à la fois calmante, digestive, décongestion-
nante et sédative du système nerveux. Vous la prendrez
à raison de 3 tasses par jour entre les repas pour les
migraines chroniques, ou bien toutes les heures dans
les crises aiguës. D'une manière générale, les migrai-
nes sont des affections qui sont efficacement traitées
par la sympathicothérapie.

97. Migraines nerveuses

Calmante - Antispasmodique
Rééquilibrante du système nerveux

Basilic	50 g
Marjolaine	50 g
Thym	50 g
Verveine	25 g
Oranger	50 g
Menthe douce	50 g
	275 g

Mode de préparation :

Mettre 4 cuillères à soupe du mélange de plantes
dans 1 litre d'eau froide. Porter à ébullition sans faire
bouillir, éteindre le feu et laisser infuser 10 minutes.
Filtrer et boire 1 grande tasse (1/4 de litre aux heures
indiquées).

Posologie :

1 tasse 3 fois par jour entre les repas.

Il s'agit là de migraines qui surviennent après une
contrariété, un stress, une fatigue, ou qui accompa-

gnent un état de déséquilibre nerveux. Cette tisane vous aidera à rééquilibrer cet état nerveux et calmera la douleur. C'est la formule type pour les anxieux et les surmenés.

98. Migraines digestives

Calmante
Digestive - Combat les ballonnements

Basilic	50 g
Camomille	50 g
Carvi	25 g
Fenouil	25 g
Menthe douce	50 g
Thym	50 g
Rose pâle	50 g
	300 g

Mode de préparation :

Mettre 4 cuillères à soupe du mélange de plantes dans 1 litre d'eau froide. Porter à ébullition sans faire bouillir, éteindre le feu et laisser infuser 10 minutes. Filtrer et boire 1 grande tasse (1/4 de litre aux heures indiquées).

Posologie :

1 tasse après chaque repas.

Vous choisirez cette formule, de préférence à toute autre, si vous avez l'impression que votre migraine est liée à des difficultés de digestion (lenteur, ballonnements, tendance à l'auto-intoxication). Souvent cette *forme de migraine est accompagnée d'une constipation tenace. Prenez cette tisane de manière suivie, à raison d'une tasse après chaque repas pour favoriser le travail d'assimilation et l'élimination de votre organisme.*

99. Migraines hépatiques

Désintoxicante - Calmante
Accélère les fonctions hépatiques

Artichaut	50 g
Romarin	50 g
Écorce de citron	50 g
Lamier blanc	50 g
Ményanthe	25 g
Mélisse	25 g
Menthe poivrée	25 g
Pissenlit	50 g
	325 g

Mode de préparation :

Mettre 4 cuillères à soupe du mélange de plantes dans 1 litre d'eau froide. Porter à ébullition. Faire bouillir 1 minute, éteindre le feu et laisser infuser 10 minutes. Filtrer et boire 1 grande tasse (1/4 de litre aux heures indiquées).

Posologie :

3 tasses par jour en cure de 21 jours ou, au moment des crises, à volonté.

La migraine hépatique ne se révèle pas seulement à l'occasion d'une crise de foie ou après l'ingestion d'un aliment sensibilisant (chocolat !). Elle peut prendre une forme beaucoup plus sournoise, qui ne permet pas toujours de faire la liaison avec un mauvais fonctionnement hépatique. Langue chargée et constipation accompagnent ce genre de migraine. Cette formule est, dans ce cas, faite pour vous car, en accélérant les fonctions hépatiques et en désintoxicant l'organisme, elle aide à faire disparaître vos maux de tête.

Névralgies

100. Névralgies faciale, dentaire, auriculaire

Calmante - Décongestionnante
Sédatif du système nerveux

Camomille	25 g
Basilic	50 g
Lavande	50 g
Marjolaine	25 g
Menthe	50 g
Mélisse	25 g
Verveine	50 g
Tilleul (fleurs)	50 g
	325 g

Mode de préparation :

Mettre 4 cuillères à soupe du mélange de plantes dans 1 litre d'eau froide. Porter à ébullition sans faire

257

bouillir, éteindre le feu et laisser infuser 10 minutes. Filtrer et boire 1 grande tasse (1/4 de litre aux heures indiquées).

Posologie :

1 tasse toutes les heures en cas de crise aiguë. Pour les · cas chroniques : 3 tasses par jour entre les repas.

Si vous souffrez d'une douleur très aiguë, comme celles provoquées par une otite, un abcès à une dent ou une névralgie faciale, en attendant les soins spécifiques correspondant au mal, prenez cette tisane qui, par son action sédative sur le système nerveux et ses propriétés décongestionnantes, calmera la douleur. Vous pouvez en prendre une tasse toutes les heures sans problème dans les crises aiguës. Pour des névralgies ayant un caractère chronique, en raison de la présence de menthe et de camomille dans cette formule, l'emploi simultané d'un remède homéopathique risque d'annuler les effets de celui-ci.

Reins

101. Cystite

Antiseptique - Augmente la diurèse
Favorise le travail d'élimination des reins

Bruyère	50 g
Maïs	25 g
Thym	50 g
Marjolaine	25 g
Queues de cerise	50 g
Réglisse	50 g
	250 g

Mode de préparation :

Mettre 4 cuillères à soupe du mélange de plantes dans 1 litre d'eau froide. Porter à ébullition. Faire bouillir 1 minute, éteindre le feu et laisser infuser 10 minutes. Filtrer et boire 1 grande tasse (1/4 de litre aux heures indiquées).

Posologie :

3 tasses par jour ou 1 tasse toutes les 2 heures en cas de crises aiguës.

Si vous êtes sujet à la cystite ou si vous avez tendance à uriner peu et trop peu souvent, vous devez toujours avoir en réserve cette tisane. Elle combat l'infection et l'inflammation, régularise le travail d'élimination des reins et augmente l'émission d'urine. Bruyère, maïs et queues de cerise sont des plantes antiseptiques et spécifiques des voies urinaires. Le travail de vos reins s'effectue aussi peut-être mal parce que vous ne buvez pas assez. Veillez à boire, au moins trois fois par jour en dehors des repas, la valeur d'un grand verre à rafraîchissement. Vous aideriez également vos fonctions d'élimination en prenant, le matin à jeun, 1 cuillère à café d'un bon vinaigre de cidre diulé dans un verre d'eau.

102. Énurésie

Calmante - Régularise le travail des reins

Camomille romaine	25 g
Lamier blanc	50 g
Bruyère	50 g
Bigaradier	50 g
Réglisse	50 g
Genièvre	50 g
	275 g

Mode de préparation :

Mettre 4 cuillères à soupe du mélange de plantes dans 1 litre d'eau froide. Porter à ébullition sans faire bouillir, éteindre le feu et laisser infuser 10 minutes. Filtrer et boire 1 grande tasse (1/4 de litre aux heures indiquées).

Posologie :

3 tasses par jour entre les repas, la dernière à 17 heures au plus tard.

L'énurésie chez les enfants est souvent le signe de perturbations psychologiques. Si tel est le cas, une simple tisane ne sera pas suffisante pour résoudre complè-

tement le problème. Elle peut aussi avoir pour cause un mauvais travail des reins et des difficultés de contrôle des sphincters. Cette tisane aidera à réguler le travail des reins et l'émission involontaire d'urine. Pour éviter l'énurésie nocturne, je vous conseille, en outre, de ne pas boire après 18 heures, de manière à ne pas surcharger la vessie.

103. Albuminurie

Antiseptique - Désintoxicante - Diurétique

Maïs	25 g
Frêne....................	50 g
Chiendent................	50 g
Prêle	50 g
Pensée sauvage	25 g
Queues de cerise..........	50 g
Verveine	50 g
	300 g

Mode de préparation :

Mettre 4 cuillères à soupe du mélange de plantes dans 1 litre d'eau froide. Porter à ébullition. Faire bouillir 1 minute, éteindre le feu et laisser infuser 10 minutes. Filtrer et boire 1 grande tasse (1/4 de litre aux heures indiquées).

Posologie :

3 tasses par jour entre les repas.

Si l'on détecte la présence d'albumine dans vos urines, ne vous affolez pas. Elle peut très bien être pas-

sagère, consécutive à une fatigue par exemple et, en général, elle disparaîtra très vite. Vous aiderez votre organisme à l'éliminer en prenant cette tisane antiseptique, désintoxicante et diurétique de préférence en période de lune décroissante.

104. Prostate

Décongestionnante - Diurétique - Rééquilibrante

Pariétaire	50 g
Maïs	25 g
Lamier blanc	50 g
Bruyère	50 g
Vigne rouge	50 g
Réglisse	50 g
	275 g

Mode de préparation :

Mettre 4 cuillères à soupe du mélange de plantes dans 1 litre d'eau froide. Porter à ébullition. Faire bouillir 1 minute, éteindre le feu et laisser infuser 10 minutes. Filtrer et boire 1 grande tasse (1/4 de litre aux heures indiquées).

Posologie :

3 tasses par jour entre les repas.

L'inflammation de la prostate provoque un certain nombre de troubles urinaires très contraignants. Vous aiderez à les faire disparaître, ou tout au moins à bien les diminuer, en prenant régulièrement cette tisane décongestionnante et diurétique. Quelques gouttes d'huiles essentielles de thym ou de santal, prises avant chaque repas, compléteront efficacement ce traitement.

105. Vers intestinaux

Antivermineuse - Antiseptique - Adoucissante

Thym	50 g
Sarriette	50 g
Gentiane	50 g
Mauve	25 g
Anis	50 g
	225 g

Mode de préparation :

Mettre 4 cuillères à soupe du mélange de plantes dans 1 litre d'eau froide. Porter à ébullition sans faire bouillir, éteindre le feu et laisser infuser 10 minutes. Filtrer et boire 1 grande tasse (1/4 de litre aux heures indiquées).

Posologie :

3 tasses par jour pendant 1 semaine, puis faire suivre par une purge légère.

Si votre enfant se gratte fréquemment le nez, a des démangeaisons à l'anus, ou bien qu'il tousse sans raison, il a sans doute des vers. Pour l'en débarrasser et assainir son intestin, faites-lui prendre 3 tasses par jour de cette tisane pendant 1 semaine, puis, après 1/2 journée de diète, donnez-lui une légère purge. Il évacuera sans difficulté ces hôtes indésirables.

Attention, cette formule ne convient qu'aux petits vers, elle est inefficace pour le ver solitaire.

106. Pertes blanches
(leucorrhée)

Antiseptique - Astringente - Tonifiante

Lamier blanc	50 g
Sauge ...., ...	50 g
Millefeuille	50 g
Fraisier	50 g
Thym	50 g
Anis	25 g
	275 g

Mode de préparation :

Mettre 4 cuillères à soupe du mélange de plantes dans 1 litre d'eau froide. Porter à ébullition. Faire bouillir 1 minute, éteindre le feu et laisser infuser 10 minutes. Filtrer et boire 1 grande tasse (1/4 de litre aux heures indiquées).

Posologie :

3 tasses par jour entre les repas.

Parfois les petites filles, en pleine croissance, peuvent avoir des pertes blanches. En leur faisant prendre 3 tasses par jour de cette tisane entre les repas, tout doit rentrer rapidement dans l'ordre. Les pertes blanches de caractère infectieux céderont également à cette cure. Il est bon alors de compléter le traitement interne par des injections faites à partir de l'infusion de cette tisane, effectuées tièdes matin et soir.

107. Vertiges nerveux

Calmante - Antispasmodique
Rééquilibrant du système nerveux

Millefeuille	50 g
Lavande	50 g
Camomille	25 g
Verveine officinale	25 g
Mélisse	25 g
Oranger (écorce)	50 g
	225 g

Mode de préparation :

Mettre 4 cuillères à soupe du mélange de plantes dans 1 litre d'eau froide. Porter à ébullition. Faire bouillir 1 minute, éteindre le feu et laisser infuser 10 minutes. Filtrer et boire 1 grande tasse (1/4 de litre aux heures indiquées).

Posologie :

3 tasses par jour entre les repas.

En cas de vertiges, la première chose à faire est de consulter un oto-rhino pour vérifier que leur origine ne se situe pas au niveau de l'oreille interne. Cette cause est, en général, écartée dans 80 % des cas. Bien souvent, dans les problèmes de vertiges, on retrouve l'association de trois causes : blocages vertébraux au niveau des cervicales, spasmes vasculaires et hypernervosité. Ce qui fait qu'ils ne sont pas faciles à soigner. Quelques manipulations vertébrales associées à de la sympathicothérapie donnent en général de bons résultats. Cette tisane rééquilibrante du système nerveux et antispasmodique sera un bon adjuvant.

108. Vertiges de faiblesse
(convalescence)

Stimulant général de l'organisme
Favorise la remontée de la tension - Ouvre l'appétit

Romarin	50 g
Sarriette	50 g
Sauge	50 g
Lavande	50 g
Thym	50 g
Mélisse	25 g
	275 g

Mode de préparation :

Mettre 4 cuillères à soupe du mélange de plantes dans 1 litre d'eau froide. Porter à ébullition sans faire bouillir, éteindre le feu et laisser infuser 10 minutes. Filtrer et boire 1 grande tasse (1/4 de litre aux heures indiquées).

Posologie :

3 tasses par jour entre les repas.

Très différents des vertiges nerveux, les vertiges de faiblesse peuvent survenir à l'issue d'une grave maladie ou pendant la convalescence après des opérations. Parfois une grande fatigue, en causant une chute de tension brutale, provoque ces vertiges. Cette tisane, par ses propriétés stimulantes, dynamise l'organisme, favorise la remontée de la tension artérielle et ouvre l'appétit. Attention, ne pas confondre vertiges nerveux ou vertiges de faiblesse avec des malaises qui surviennent lorsque, ayant travaillé tête baissée, on se relève brutalement ou lorsque le matin on se lève trop brusquement de son lit. Il s'agit de vertiges orthostatiques créés par le changement brusque de position. Les vertiges du matin disparaîtront tout seuls si vous prenez la précaution de rester assis une minute sur le bord du lit avant de poser le pied au sol.

109. Contusions
(usage externe)

Lavande	50 g
Houblon . . . . ,	50 g
Mauve	25 g
Sureau	50 g
	175 g

Mode de préparation :

Mettre 4 cuillères à soupe du mélange de plantes dans 1 litre d'eau froide. Porter à ébullition sans faire bouillir, éteindre le feu et laisser infuser 10 minutes.

Posologie :

En compresses tièdes sur les ecchymoses 2 ou 3 fois par jour.

Vous favoriserez la disparition des hématomes et des bosses en cas de chute ou de choc en appliquant des compresses trempées dans une infusion de cette tisane. Laissez en contact 1/2 heure et renouvelez 2 ou 3 fois dans la journée. D'une manière générale, ayez toujours dans votre pharmacie familiale un tube d'arnica 5CH dont vous prendrez — ou ferez prendre à l'éclopé — 3 granulés toutes les 2 heures pour favoriser la résorption de l'œdème et de l'hématome. Les doses sont les mêmes pour les enfants et les nourrissons.

110. Contusions
(usage interne)

Favorise la dispersion des amas sanguins
Tonifie les vaisseaux sanguins

Marjolaine	50 g
Tilleul (fleurs)	25 g
Vigne rouge	50 g
Oranger	50 g
	175 g

Mode de préparation :

Mettre 4 cuillères à soupe du mélange de plantes dans 1 litre d'eau froide. Porter à ébullition sans faire bouillir, éteindre le feu et laisser infuser 10 minutes. Filtrer et boire 1 grande tasse (1/4 de litre aux heures indiquées).

Posologie :

3 tasses par jour entre les repas.

Aux compresses effectuées avec la formule n° 109, vous ajouterez ce traitement interne qui a le double avantage, grâce à ses propriétés calmantes, d'atténuer l'état de choc nerveux provoqué par l'accident et de favoriser la dispersion des amas sanguins. Prenez-le d'une manière suivie pendant 1 semaine au moins, vous bénéficierez en plus de son action tonique sur les parois des vaisseaux.

111. Transpiration

Régularise la transpiration
Nettoie l'organisme - Rééquilibre le système nerveux

Sauge	50 g
Verveine	25 g
Prêle	50 g
Menthe poivrée	25 g
Vigne rouge	50 g
Maïs	25 g
	225 g

Mode de préparation :

Mettre 4 cuillères à soupe du mélange de plantes dans 1 litre d'eau froide. Porter à ébullition sans faire bouillir, éteindre le feu et laisser infuser 10 minutes. Filtrer et boire 1 grande tasse (1/4 de litre aux heures indiquées).

Posologie :

3 tasses par jour entre les repas.

La transpiration joue un rôle très important dans l'organisme. Elle sert à réguler la température interne du corps et elle participe aux mécanismes d'élimination des déchets. La peau est le lieu d'échanges très importants. La transpiration est donc normale et il ne faut pas la bloquer. En revanche, une transpiration trop abondante est anormale et, pour la réduire, plutôt que d'utiliser des antiperspirants, je vous propose de la traiter de l'intérieur. Cette tisane régularise la transpiration en nettoyant l'organisme et en rééquilibrant le système nerveux. Quelques séances de sympathico-

thérapie effectuées en complément résoudront votre problème.

112. Transpiration nocturne

**Régularise la transpiration, principalement nocturne
Nettoie l'organisme**

Fraisier	50 g
Houblon	50 g
Hysope	50 g
Mélisse	25 g
Ortie piquante	50 g
Sauge	50 g
	275 g

Mode de préparation :

Mettre 4 cuillères à soupe du mélange de plantes dans 1 litre d'eau froide. Porter à ébullition sans faire bouillir, éteindre le feu et laisser infuser 10 minutes. Filtrer et boire 1 grande tasse (1/4 de litre aux heures indiquées).

Posologie :

3 tasses par jour dont 1 au coucher en cures suivies. A utiliser également en bains de pieds et de mains (1 litre d'infusion pour 2 litres d'eau).

La transpiration nocturne, les sueurs profuses des mains et des pieds qui se déclenchent au rythme des émotions traduisent un déséquilibre neuro-végétatif. L'émission de sueur est en effet sous la dépendance du système sympathique. En prenant cette tisane, à la fois par voie interne, à raison de 3 tasses par jour entre les repas, la dernière au coucher et en bains de pieds et des mains 2 fois par jour, vous régulariserez votre transpiration. Vous ferez ces bains pendant 1/4 d'heure avec 1 litre d'infusion pour 2 litres d'eau. Laissez sécher sans essuyer. Les bains de mains et de pieds effectués régulièrement sont particulièrement équilibrants pour le système nerveux.

113. Yeux
Conjonctivites, orgelets, blépharites

Camomille	25 g
Mauve	25 g
Lavande	50 g
Citron	50 g
Rose	50 g
	200 g

Mode de préparation :

Mettre 4 cuillères à soupe du mélange de plantes dans 1 litre d'eau froide. Porter à ébullition sans faire bouillir, éteindre le feu et laisser infuser 10 minutes.

Posologie :

A utiliser en lavage et compresses 3 fois par jour.

Si vous avez facilement les yeux irrités par le vent, le soleil, ou si vous êtes sujet aux orgelets, ayez toujours en réserve cette tisane qui vous permettra de réaliser une lotion décongestionnante et adoucissante naturelle.

Vous vous en servirez pour humidifier des compresses que vous laisserez sur les paupières pendant au moins 1/4 d'heure. Si vos yeux sont très irrités (conjonctivite ou rhume des foins) vous l'utiliserez en collyre à raison de 2 ou 3 gouttes dans chaque œil. Cette lotion peut être froide ou tiède selon votre préférence et conservée 1 jour au réfrigérateur dans un récipient hermétiquement fermé.

Renseignements pratiques

Si vous voulez vous procurer des renseignements sur les différentes méthodes de soins énoncées dans ce livre ainsi que des adresses de praticiens compétents, vous pouvez écrire :

Pour les soins par les plantes :

Centre Michel Bontemps - 8, rue Jouffroy, 75017 Paris - Tél. : (1) 227-99-22.

Pour la sympathicothérapie :

Centre d'enseignement de la sympathicothérapie - 10, boulevard des Batignolles, 75017 Paris.

Pour la phyto-balnéothérapie :

Centre Phyto-Forme - 14, chemin des Oliviers, 34170 Castelnau-le-Lez - Tél. : (67) 72-36-17.

Centre de remise en forme de Serre-Chevalier - Le Sporting, 05240 La Salle-les-Alpes.

INDEX GÉNÉRAL
(Les chiffres renvoient aux pages du livre)

RÉPERTOIRE DE MES RECETTES
DE LA TÉLÉVISION

Composition réalisée par C.M.L., Montrouge

IMPRIMÉ EN FRANCE PAR BRODARD ET TAUPIN
58, rue Jean Bleuzen - Vanves - Usine de La Flèche.
LIBRAIRIE GÉNÉRALE FRANÇAISE - 14, rue de l'Ancienne-Comédie - Paris.
ISBN : 2 - 253 - 03701 - X